TARÔ
DE MARSELHA:
A Jornada do Autoconhecimento

Florian Parisse

TARÔ DE MARSELHA:
A Jornada do Autoconhecimento

— Guia Completo para o Aperfeiçoamento
de Tiragens e Interpretações —

Tradução
Karina Jannini

Editora Pensamento
SÃO PAULO

Título do original: *Tarot de Marseille – Tirages et Interprétation – Perfectionnement.*
Copyright © 2016 Éditions Trajectoire. Uma marca do Grupo Editorial Piktos.
Copyright da edição brasileira © 2021 Editora Pensamento-Cultrix Ltda.
1ª edição 2021.
Todos os direitos reservados. Nenhuma parte deste livro pode ser reproduzida ou usada de qualquer forma ou por qualquer meio, eletrônico ou mecânico, inclusive fotocópias, gravações ou sistema de armazenamento em banco de dados, sem permissão por escrito, exceto nos casos de trechos curtos citados em resenhas críticas ou artigos de revista.

A Editora Pensamento não se responsabiliza por eventuais mudanças ocorridas nos endereços convencionais ou eletrônicos citados neste livro.

O editor agradece à empresa France Cartes por ter autorizado a reprodução nesta obra das lâminas do Tarô de Marselha de Grimaud.

Editor: Adilson Silva Ramachandra
Gerente editorial: Roseli de S. Ferraz
Preparação de originais: Vivian Miwa Matsushita
Produção editorial: Indiara Faria Kayo
Editoração eletrônica: Join Bureau
Revisão: Luciana Soares da Silva
Capa: Indie 6 Design Editorial

Dados Internacionais de Catalogação na Publicação (CIP)
(Câmara Brasileira do Livro, SP, Brasil)

Parisse, Florian
    Tarô de Marselha: a jornada do autoconhecimento: guia completo para o aperfeiçoamento de tiragens e interpretações / Florian Parisse; tradução Karina Jannini. – São Paulo: Editora Pensamento Cultrix, 2021.

    Título original: Tarot de Marseille: tirages et interprétation: perfectionnement.
    ISBN 978-65-87236-27-8

    1. Tarô I. Título.

20-45498   CDD-133.32424

Índices para catálogo sistemático:
1. Tarô de Marselha: Artes divinatórias 133.32424
Cibele Maria Dias – Bibliotecária – CRB-8/9427

Direitos de tradução para o Brasil adquiridos com exclusividade pela
EDITORA PENSAMENTO-CULTRIX LTDA., que se reserva a
propriedade literária desta tradução.
Rua Dr. Mário Vicente, 368 – 04270-000 – São Paulo – SP
Fone: (11) 2066-9000
http://www.editorapensamento.com.br
E-mail: atendimento@editorapensamento.com.br
Foi feito o depósito legal.

SUMÁRIO

Introdução 7

CAPÍTULO 1 – KIT DE SOBREVIVÊNCIA 9
   Auxílio à interpretação 57
   Personagens 60

CAPÍTULO 2 – A TIRAGEM "À LA CARTE" 65
   Casos práticos 67

CAPÍTULO 3 – A TIRAGEM DOS BINÔMIOS 95
   Casos práticos 98

Capítulo 4 – A TIRAGEM EM LINHA 151
   Casos práticos 155

CAPÍTULO 5 – A TIRAGEM EM CRUZ 185
   Fisionomia da tiragem em cruz 186
   Leitura da tiragem em cruz 187
   Temporalidade da tiragem em cruz 188
   Valor dos cinco arcanos maiores 190

Os pontos cegos 193
Trinômios e arcanos redundantes 196
Tiragem em cruz coberta 198
Casos práticos 200

APÊNDICE 235
Calculando o próprio ano pessoal 235

CONCLUSÃO 243

AGRADECIMENTOS 245

INTRODUÇÃO

À maneira de um método de ensino de idiomas, baseado na assimilação progressiva, este manual cobre um amplo espectro de tiragens de tarô. Parte da tiragem básica, chamada de "*à la carte*", e se estende até aquela em cruz coberta, passando por níveis intermediários, tais como a tiragem dos binômios e a tiragem em linha. Graças a esse sistema de assimilação gradual, que inclui vários níveis de dificuldade à medida que se avança na leitura, a aprendizagem do Tarô de Marselha se consolida aos poucos, possibilitando a decodificação e a compreensão das tiragens mais difíceis após certo período.

Aberta tanto aos iniciantes quanto aos iniciados, essa técnica de aprendizagem seduz por seu lado funcional, pois fornece ao leitor as chaves para a análise das tiragens de maneira metódica. O primeiro capítulo, consagrado exclusivamente aos 22 arcanos maiores, é prático, didático e constitui a base a partir da qual o leitor poderá acessar os capítulos seguintes com facilidade. As palavras-chave são destacadas de maneira que complementam aquelas cujo sentido é fundamental para a compreensão do arcano estudado.

Os quatro capítulos seguintes, dedicados aos diferentes modos de tiragem, respondem a perguntas bem precisas, resultantes de meus cursos sobre tarô e de minhas consultas particulares. Para cada pergunta, tomei o cuidado de analisar vários casos práticos muito "eloquentes", que pudessem enriquecer os conhecimentos do leitor em relação à matéria. Cuidei para que a iconografia dos arcanos maiores solicitados fosse visível, a fim de tornar esse método de aprendizagem o mais dinâmico possível. Por fim, como este guia detalha um total de 131 casos práticos, considerei que seria pertinente numerá-los para facilitar a leitura do aprendiz de tarólogo.

Estou convencido de que, aliada à intuição, a reiterada utilização desta obra de referência permitirá ao leitor superar todos os inconcebíveis graus de dificuldade em um futuro próximo e, posteriormente, sentir um verdadeiro prazer ao decodificar as próprias tiragens de tarô ou as alheias.

Desejo a todos boa leitura.

Capítulo I

KIT DE SOBREVIVÊNCIA

Assim como na música, em que convém conhecer as escalas antes de decodificar uma partitura, ou o solfejo antes de tocar um instrumento, o conhecimento do Tarô de Marselha passa pela aprendizagem de seus 22 arcanos maiores. Essa introdução na matéria tem por objetivo apresentar ao leitor os sentidos mais difundidos de cada um dos 22 arcanos maiores, segundo o contexto em que ele evolui. Portanto, optei por resumir cada um deles em quadros, sintetizando meu pensamento e facilitando sua assimilação. O objetivo principal deste "kit de sobrevivência" não é fazer uma longa lista sobre cada arcano, pois uma descrição aprofundada já lhes foi consagrada em meu *Tarot de Marseille: Guide de l'utilisateur**, publicado em 2014. Trata-se, antes, de conscientizar os iniciantes sobre o fato de que, dependendo do contexto, cada arcano maior engloba uma miríade de significados e não se limita a um pensamento único.

Os retratos que faço dos arcanos maiores poderão ser completados com a própria experiência do leitor. Cada ficha de dados reúne várias palavras-chave, algumas delas destacadas em negrito para realçar sua

---

* *Tarô de Marselha: A Jornada do Autoconhecimento – Guia do Usuário para Tiragens e Interpretações*, publicado pela Editora Pensamento, São Paulo, 2020. (N.R.)

importância. Essa aprendizagem de base é fundamental para o domínio das tiragens de tarô.

Importante: é necessário considerar cada arcano maior um ser humano completo, meio anjo, meio demônio, com forças e fraquezas, altos e baixos. Tem-se o costume de dizer ou ler, sem muita reflexão, que os arcanos 21, 19, 11, 4 e 7, para citar apenas alguns, são necessariamente benéficos. No entanto, as lâminas 13, 16, 15, 22 e 12 não são menos benéficas, e vice-versa. Apenas o contexto global e a natureza da pergunta feita permitem definir a polaridade positiva ou negativa do arcano. Em algumas circunstâncias específicas, o 13 é de muito melhor agouro do que o 21, e o inverso também ocorre. Nunca devemos nos esquecer disso quando analisamos nossas tiragens de tarô.

Inicialmente, eu gostaria de apresentar a tipografia dos 22 arcanos maiores, que forma a coluna vertebral deste primeiro capítulo. O retrato de cada lâmina de tarô aqui descrita se articula em torno de diferentes temas, a saber:

A **iconografia** se inspira exclusivamente no grafismo da carta e ilustra o(s) personagem(ns) do Tarô de Marselha.

A **simbologia** tenta expor os símbolos que formam a riqueza desses 22 arquétipos.

As **atividades** enumeram as profissões mais representativas do arcano e de sua iconografia. Essa lista não é de forma alguma exaustiva, porém é a que mais se aproxima da realidade da área.

O tema **bem aspectado** enumera os pontos fortes que costumam ser atribuídos ao arcano quando ele está bem acompanhado em uma tiragem de tarô.

O tema **mal aspectado** apresenta as insuficiências e os pontos fracos do arcano de tarô quando ele está mal acompanhado em uma tiragem, sobretudo em posição **B** na tiragem em cruz. Às vezes, a fronteira entre essa seção e a dedicada à "parte sombria" é tão tênue que seria possível uni-las.

A **parte sombria** revela a face oculta do arcano. Embora eu tenha exagerado um pouco, as patologias e outras derivações enumeradas são bem reais e representativas dos desvios ligados ao arcano de tarô tratado.

O **histórico médico** consagra-se a enumerar as fraquezas mais reveladoras deste ou daquele arcano do tarô. No entanto, como não sou médico, convido o leitor a proceder com a máxima prudência quando fizer perguntas sobre a própria saúde ou a das pessoas próximas.

Vamos, então, ao encontro de nossas 22 centelhas de vida.

O MAGO

ICONOGRAFIA	• Criança, **adolescente, rapaz.**
SIMBOLOGIA	• Começo, **primeiros passos, reinício,** renovação. • **Iniciação,** estágio, **aprendizagem.**
ATIVIDADES	• **Comerciante,** vendedor, representante comercial, vendedor ambulante. • **Artesão,** empreendedor individual. • Profissões **manuais** (cozinheiro, padeiro, encanador e semelhantes). • Artista.

BEM ASPECTADO	• Dinâmico, impetuoso, **enérgico**, aventureiro. • **Alegria**, bom humor. • **Juventude**, despreocupação. • **Criatividade**, inventividade, **habilidade**. • **Audácia**, ousadia. • Gosto pelo empreendedorismo, polivalência.
MAL ASPECTADO	• **Imaturidade**, infantilismo. • Impaciência. • **Falta** de prática ou de **experiência**. • Arrivismo, **incompetência**, falta de habilidade.
PARTE SOMBRIA	• **Roubo**, furto. • Manipulador, alguém que gosta de enfeitar seu discurso. • **Brincalhão**, festeiro, gastador. • **Fanfarrão**, mentiroso.
HISTÓRICO MÉDICO	• **Dores de cabeça**, enxaqueca. • **Doenças infantis**. • Pouca vitalidade. • Acne **juvenil**, problemas cutâneos, prurido. • Problemas **capilares** ou no couro cabeludo. • **Claudicação**. • Vacinação.

A PAPISA

ICONOGRAFIA	• Mulher **madura, avó**, mãe de família, sogra, madrasta.
SIMBOLOGIA	• **Estudos**, formação, **conhecimentos**, magistério. • **Livro**, biblioteca, livraria. • Confissões, **segredos, confidências**.
ATIVIDADES	• Educadora, **professora de ensino fundamental**, arquivista. • **Editora**, acadêmica, revisora. • **Gerente**, dirigente de empresa.

BEM ASPECTADO	• Grandes conhecimentos, **saber**, erudição. • **Experiência**, vivência. • Intuição. • **Ouve com atenção**. • Cautela, **discrição**. • Lado **"maternal"**. • Tranquilizadora, transmite **segurança**.
MAL ASPECTADO	• **Falta de conhecimento**, ignorância. • Nível fraco de estudos. • **Frieza**, hermetismo, rigidez. • Hipocrisia, **fofocas**.
PARTE SOMBRIA	• **Amante**, traição. • Rivalidade, **maledicências**. • **Maldade feminina**, rispidez.
HISTÓRICO MÉDICO	• Doença desconhecida ou não declarada. • Doença **incubada**. • Problemas no **baixo-ventre** ou relacionados à mulher. • Exames médicos, **investigação de diagnóstico**. • Frigidez, esterilidade.

A IMPERATRIZ

ICONOGRAFIA	• Mulher **refinada, de meia-idade**.
SIMBOLOGIA	• **Esposa, irmã**, mãe de família. • Funcionalismo público, administração, **burocracia**. • **Luxo**, ostentação.
ATIVIDADES	• **Assistente** de direção, secretária. • **Serviços de escritório**, estenografia, datilografia e semelhantes • Agente consular, diplomata. • **Assessora de imprensa**, colunista e semelhantes.

BEM ASPECTADO	• Facilidade para escrever, **redação de correspondências** administrativas. • **Relações públicas favorecidas.** • Etiqueta. • **Elegância**, imponência, vaidade. • Ideias criativas, **vivacidade mental**.
MAL ASPECTADO	• **Esnobismo**, presunção. • Palavras virulentas, julgamentos precipitados. • Oportunismo, **arrivismo**. • **Mulher implicante**. • **Inflexibilidade** crônica. • Mente em ebulição. **Pensa demais**.
PARTE SOMBRIA	• Intriga, estratégia. • **Sedutora por interesse**.
HISTÓRICO MÉDICO	• **Hipocondria**. • Distúrbios **psicossomáticos**. • Desconforto ocular.

O IMPERADOR

ICONOGRAFIA	• Homem maduro, **pai** de família.
SIMBOLOGIA	• Base profissional, estabilidade **material**. • **Poder, ordem**. • Realização pessoal. • Princípio masculino, virilidade, *yang*, **paternidade**.
ATIVIDADES	• **Chefe** de empresa, de departamento, dirigente, **patrão**. • **Comandante**, chefe do exército e semelhantes. • **Supervisor**, contramestre.

BEM ASPECTADO	- Capacidade de dirigir. - **Senso** do dever e **de realidade**. - **Força de trabalho**, homem poderoso. - Perseverança. - Seu lado **"protetor"**. - **Firmeza**.
MAL ASPECTADO	- **Obstinação**. - **Tirania**, despotismo. - **Acessos de cólera**. - Bloqueio material. - **Apatia**. - Falta de autoridade.
PARTE SOMBRIA	- Desejo de onipotência e de **poder absoluto**. - **Violência** física e moral. - **Misoginia**.
HISTÓRICO MÉDICO	- **Hipertensão** arterial. - Dores nas **cervicais**, na nuca. - Ciática, **escoliose**. - Alcoolismo. - **Excessos à mesa**, avidez de comida.

O PAPA

ICONOGRAFIA	• Homem **maduro**, **pai**, sogro, padrasto, tio, **avô**.
SIMBOLOGIA	• **Educação**, conselho, formação. • Proteção, **fé**. • Acordo, **união**, bênção. • Perícia, especialidade.
ATIVIDADES	• **Consultor**, conselheiro. • **Cargo de executivo**. • Conferencista, palestrante. • Educador, **professor universitário**. • Direção, **administração**. • **Prefeito**.

BEM ASPECTADO	• Valores morais e espirituais. • Experiência, maturidade, sabedoria. • Conselhos prudentes, estatuto de especialista. • Sério, seu engajamento, sua fé. • Benevolência, bondade, altruísmo. • Humanismo, filantropia. • Boa reputação.
MAL ASPECTADO	• Falta de educação, ignorância. • Conselhos imprudentes, falsa gentileza. • Hermetismo, sectarismo. • Seu lado "moralizador". • Dogmatismo.
PARTE SOMBRIA	• Fanatismo religioso, integrismo, idolatria. • Comunitarismo, doutrinamento. • Guru autoproclamado, usurpador.
HISTÓRICO MÉDICO	• Consulta a um profissional de saúde. • Mão do especialista. • *Check-up*. • Acompanhamento médico. • Coração.

O ENAMORADO

ICONOGRAFIA	• Jovens, **amigos/amigas**, parentes colaterais (irmãos e irmãs etc.).
SIMBOLOGIA	• Escolhas **difíceis, orientação**, encruzilhada. • **Encontros** da vida, **sedução**, tentação, **saídas**. • **Moda**, imagem, aparência, vestimenta. • **Apresentação de uma terceira pessoa**.

ATIVIDADES	• **Atores**, artistas. • Figurinista, costureiro, **designer** de moda. • **Maquiador**, cabeleireiro. • Modelo. • **Estilista**, *designer*. • Apresentador de TV, **animador**. • **Caricaturista, humorista.**
BEM ASPECTADO	• **Poder de sedução, necessidade de agradar.** • **Espontaneidade**, seu **humor**, seu ar jovial. • Gosto pelo estetismo, **hedonismo**. • Excelente sociabilidade, **senso inato do contato**. • **Conhecimento do** *showbiz*, das personalidades.
MAL ASPECTADO	• **Superficialidade**, leviandade. • Incapacidade de fazer escolhas. • Seu lado **glamoroso**. • Hesitações, **dúvidas**, "um passo para a frente e dois para trás".
PARTE SOMBRIA	• **Aventura** sem futuro, *ménage à trois*, jogos eróticos. • **Gigolô**. • Narcisismo, **culto da personalidade**.
HISTÓRICO MÉDICO	• **Olhos**, distúrbios oculares, consultas ao **oftalmologista** (sobretudo 6 + 4). • **Sangramentos**, problemas ligados ao sangue, especialmente aos glóbulos vermelhos. • **Vermelhidão, sarampo**, espinhas, acne etc. • **Cuidados com o rosto** (estéticos ou cirurgia plástica). • **Fígado** e rins a serem controlados. • **Ansiedade**. • Rinoplastia.

O CARRO

ICONOGRAFIA	• Um rapaz de **cerca de 30 anos**, um veículo, dois cavalos.
SIMBOLOGIA	• **Carreira** profissional, **atividades** e projetos em curso. • **Conquista**. • Coragem. • Sucesso nos negócios. • **Transportes terrestres**.

ATIVIDADES	• **Vendedor**, representante comercial e semelhantes. • **Operador** de equipamentos pesados, piloto, transportador. • **Jovem executivo** dinâmico. • Dono de uma *startup*, jovem **empreendedor**.
BEM ASPECTADO	• **Dinamismo, arrebatamento**, entusiasmo. • Sede de sucesso, de reconhecimento social. • **Carisma**. • Necessidade de atingir seus objetivos. • Senso de orientação.
MAL ASPECTADO	• **Arrivismo, carreirismo excessivo**. • Impaciência, **impetuosidade**. • Incoerência, ações mal coordenadas. • **Direção ruim**, estrada errada. • Egoísmo.
PARTE SOMBRIA	• Síndrome de Don Juan. **Conquistador**. • Conquistas no local de trabalho. • **Chefe despótico e insuportável**.
HISTÓRICO MÉDICO	• **Boa vitalidade**. • Fragilidade dos membros inferiores. • **Problemas de mobilidade** e na pelve. • **Uso de cadeira de rodas**. • Cinetose.

A JUSTIÇA

ICONOGRAFIA	• Uma mulher **madura, rechonchuda**, com uma espada e uma balança.
SIMBOLOGIA	• Instituições estatais, **aparelho judiciário, órgãos administrativos**. • **Contratos, assinaturas** de documentos oficiais. • **Equidade**. • **Números**, cálculos, matemática.
ATIVIDADES	• **Contabilidade administrativa**, auditoria. • Profissões da **função pública**. • **Carreiras jurídicas**.

BEM ASPECTADO	• **Espírito analítico, gosto pela ordem.** • Cartesiana, pragmática. • **Rigor, retidão**, integridade moral. • Senso inato da justiça, ações **justas**. • Clareza, **lucidez**.
MAL ASPECTADO	• **Problemas salariais, contratuais.** • **Inflexibilidade**, intransigência. • Severidade, **crueldade**. • **Tom ríspido**, frieza. • Rancor persistente. • **Injustiça.** • **Desequilíbrio.**
PARTE SOMBRIA	• Sadismo. • **Sanções desproporcionais.** • Personalidade desprovida de emoções, **frieza extrema**.
HISTÓRICO MÉDICO	• Estado geral estável. • *Check-up*. • Regime alimentar, **problemas ligados ao peso**. • Diabetes (sobretudo 8 + 18). • **Cálculos renais**, biliares e vesiculares. • Dores no cóccix. • Problemas no quadril, na **pelve**. • **Problemas ligados ao equilíbrio**, vertigens.

O EREMITA

ICONOGRAFIA	• Idoso, pai, **bisavô**, monge.
SIMBOLOGIA	• **Solidão**, **celibato**, vida monástica. • **Passado**, memória, experiência, **tempo de serviço**. • **Lentidão**.
ATIVIDADES	• **Pesquisadores**, cientistas. • Investigadores, **detetives**. • **Historiadores**, genealogistas. • Profissionais da **informática**.

BEM ASPECTADO	• **Senso do detalhe, minúcia**, perfeccionismo. • **Vivência**, tempo de serviço proveitoso. • Sabedoria de vida. • **O tempo age em seu favor.**
MAL ASPECTADO	• **Lentidão**, atrasos. • Seu lado **"fechado"**, voltado para si mesmo. • **Taciturno**, acrimonioso. • Grande solidão. • **Passado desfavorável.** • **Avareza.** • Mutismo.
PARTE SOMBRIA	• **Antissocial**, recluso. • **Obscurantismo.** • Segredos inconfessáveis. • Autismo.
HISTÓRICO MÉDICO	• Longevidade. • **Carências.** • **Envelhecimento** do corpo. • Vitalidade em baixa. • **Fadiga** crônica. • Artrose. Reumatismo. • Vista/audição cansada. • Psicoterapia, **psicanálise.**

A RODA DA FORTUNA

ICONOGRAFIA	• Uma grande **roda, criaturas humanoides** que gravitam ao seu redor.
SIMBOLOGIA	• As **vicissitudes da vida**, os altos e baixos, os ciclos, as **oportunidades**, a boa e a má sorte. • **Mobilidades**, mutações, **mudanças de rumo**. • Créditos ao consumo, **jogos de azar**. • **Tecnologia** de ponta, desenvolvimento, **invenções**. • Rotação, **retorno**, reaparecimento, **renovação**, mudança brusca de situação.

ATIVIDADES	• Engenheiros (aeronáuticos, de informática etc.), inventores. • Técnicos, eletrotécnicos, relojoeiros. • Donos de oficina, mecânicos. • Intermediários, corretores de ações/da Bolsa. • Crupiês. • Feirantes.
BEM ASPECTADO	• Capacidade de resposta, dinamismo. • Engenhosidade, inventividade, tecnicidade. • Capacidade de se restabelecer, de se reorientar. • Espontaneidade. • Ciclo virtuoso.
MAL ASPECTADO	• Oportunismo. • Dispersão, instabilidade. • Mudanças bruscas de situação. • Ciclo infernal. • Estagnação, marasmo.
PARTE SOMBRIA	• Vício em jogos a dinheiro. • Engrenagem dos créditos ao consumo (sobretudo 10 + 13).
HISTÓRICO MÉDICO	• Dores nas articulações (inflamação, artrite etc.). • Genuflexão. • Problemas circulatórios. • Departamento de neurologia. • Neuroses obsessivas. • Exame de ressonância magnética. • Corpos estranhos (marca-passo, desfibriladores, próteses, aparelho auditivo, coroa dentária etc.). • Óculos, lentes de contato.

A FORÇA

ICONOGRAFIA	• Uma **mulher opulenta** e até **robusta**. Um animal mantido com a boca aberta.
SIMBOLOGIA	• **Autocontrole.** • Potência, **força física.** • Gestão, **administração.** • Capacidade, **vontade.**
ATIVIDADES	• **Responsável**, cargo de responsabilidade. • **Trabalhador independente.** • **Serviços de manutenção.** • Carregadores de mudanças. • **Adestrador**, domador, educador.

BEM ASPECTADO	• Aptidões para o comando. • Poder de ação. • Coragem, **vontade**. • **Domínio** da situação.
MAL ASPECTADO	• Relações de força, **queda de braço**. • **Orgulho** mal-empregado. • Falta de controle, derrapagem. • **Esforços inúteis**.
PARTE SOMBRIA	• **Violência física**. Tirania afetiva. • Patrão **escravagista**, carrasco. • **Prazer** em sujeitar ou **esmagar o outro**. • Sentimento de invencibilidade. • **Necessidade obsessiva de controlar tudo**.
HISTÓRICO MÉDICO	• Excelente vitalidade. • Sobrepeso, **obesidade**. • **Hipertensão** arterial. • **Distensões musculares**, tendinite. • **Problemas musculares**. • **Dores no punho, nos carpos**.

O PENDURADO

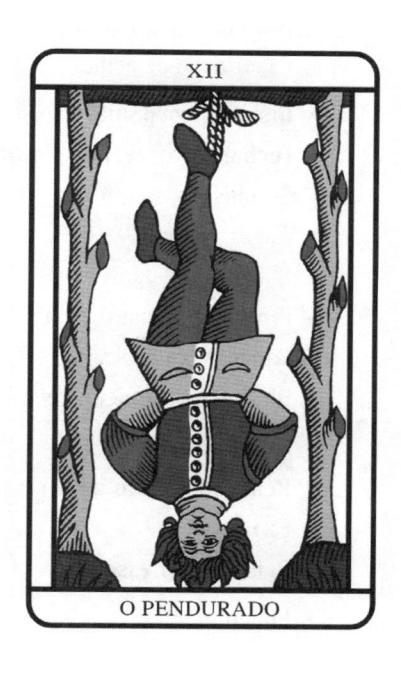

ICONOGRAFIA	• Um **rapaz** de cabeça para baixo.
SIMBOLOGIA	• Bloqueios. • **Condenação, penitência.** • Corpo médico, **saúde**. • **Traições**, deslealdades.
ATIVIDADES	• Profissões na área da saúde. • Sacerdócio, mediunidade. • Ambiente carcerário.

BEM ASPECTADO	• Senso de **sacrifício**, de abnegação. • **Resignação**, indiferença. • Paciente. **Espera salutar.** • **Grande espiritualidade**, fatalismo. • Capacidade de perdoar.
MAL ASPECTADO	• **Inércia**, imobilismo. • **Fechamento, real ou figurado.** • **Submissão.** • Falhas, **erros**. • Culpa, mal-estar. • **Preguiça**, laxismo. • **Sanções**, punições. • **Bloqueios irremediáveis.**
PARTE SOMBRIA	• **Masoquismo.** • **Relacionamento adúltero.** • Escravismo. • **Relações opressoras.**
HISTÓRICO MÉDICO	• **Envenenamento.** • Permanência na cama, **paralisia**. • **Fragilidade dos pés** e das pernas. • Meias de compressão, pernas pesadas. • Toxicomania (sobretudo 12 + 22). • Desejos **suicidas**. • Esterilidade.

O ARCANO SEM NOME

ICONOGRAFIA	• Um **esqueleto** munido de uma foice; cabeças decapitadas.
SIMBOLOGIA	• **A morte**, o luto. • **Sofrimento**, desolação, tristeza. • **Separação**, rompimento, ruptura. • Agressão, **assassinato**, **guerra**. • Colheita, terras agrícolas, solo, **agricultura**. • **Detritos**, lixo, matérias fecais. • **Desemprego**. • **Incêndios**.

ATIVIDADES	• **Funerárias**, tanatologista, coveiro. • **O exército**, a legião. • **Criminologista**. • Operários, profissões **manuais** (lixeiros, operários responsáveis pela manutenção de vias públicas etc.). • **Agricultores**. • **Informática**. • Psicanalistas (sobretudo 13 + 22).
BEM ASPECTADO	• **Capacidade de tomar decisões**. • **Habilidade**, meticulosidade. • Determinação. • Retidão.
MAL ASPECTADO	• Seu lado **"radical"**, extremo. • Grande irritação. • Aridez, **insensibilidade** emocional. • **Total falta de tato**.
PARTE SOMBRIA	• Assassino em série, **criminoso**. • Psicopata. • Piromania.
HISTÓRICO MÉDICO	• **Cirurgia**. • **Fraturas** (totais ou parciais). • Doenças ósseas. • **Estados depressivos**, suicidas. • **Anorexia**, magreza. • **Ataques virais**, bacteriológicos. • Distúrbios intestinais, **diarreias** etc. • Pesadelos.

A TEMPERANÇA

ICONOGRAFIA	• **Mulher jovem**, alada, munida de duas ânforas.
SIMBOLOGIA	• **Viagens aéreas**. • **Contatos**, correspondências, ligações telefônicas. • **Férias**, descontração, repouso. • **Energias**, fluido, ondas. • **Serenidade**, calma, tranquilidade.

ATIVIDADES	• Assistente. • Atendimento telefônico, **telefonista**. • **Comissária de bordo**, tripulação. • Agente consular, **embaixadora**. • **Massagista**. • **Eletricista, encanador**.
BEM ASPECTADO	• **Hospitalidade**, etiqueta. • **Benevolência** natural. • Espírito de conciliação, de **mediação**. • **Boa sociabilidade, gosto pelo contato**.
MAL ASPECTADO	• Grande irritação. • **Diletantismo**. • Contatos superficiais. • **Comunicações prejudiciais**.
PARTE SOMBRIA	• Notório alcoolismo (sobretudo 14 + 15 + 18). • **Crise nervosa**.
HISTÓRICO MÉDICO	• **Problemas** na próstata ou **urinários** (sobretudo 14 + 15). • Fragilidade das vias respiratórias superiores, resfriado, amigdalite etc. • **Espasmos musculares**, problemas respiratórios, **alergias**. • **Conjuntivite**, rinite. • Transfusão de sangue, perfusão. • **Escápulas** e **ombros** a serem controlados. • **Fragilidade esofágica**, hérnia de hiato. • Pâncreas a ser controlado. • **Fadiga energética**.

O DIABO

ICONOGRAFIA	• Personagem **hermafrodita**, com cornos, uma tocha e dois diabretes acorrentados.
SIMBOLOGIA	• **Poder**, política, **negócios**. • **Finanças**, atividade comercial. • Magnetismo, **atração sexual**. • **Corrupção**, escândalos. • Toxicidade, **poluição**, nocividade.
ATIVIDADES	• **Homem de negócios**, especialista em finanças. • Advogado corporativo, **operador de instituição financeira**. • **Político**. • **Magnetizador**, hipnoterapeuta. • Empregos relacionados à **energia** (gás, petróleo etc.).

BEM ASPECTADO	• **Carisma**, autoridade. • **Charme hipnótico**, personalidade envolvente. • **Talentos de negociante.** • **Força de persuasão.** • Boa **energia criativa.** • Espírito de **competição.** • Personagem **perspicaz.** • **Negócios lucrativos.**
MAL ASPECTADO	• Caráter **rancoroso, "mau perdedor".** • **Ciúme** doentio. • Maldade, **tom acusador.** • **Depravado**, astuto. • **Motim**, rebelião permanente. • Enriquecimento injustificado. **Fraude.** • **Negócios escandalosos.**
PARTE SOMBRIA	• **Manipulação** mental. • **Prostituição. Escravismo.** • Transgressão de proibições. • **Abuso** de fragilidade, **fraude.** • Sabotagem, rebelião. • **Guru, feitiçaria.** • **Pervertido narcisista.**
HISTÓRICO MÉDICO	• Pólipos, divertículos, **nódulos** etc. • **Dores**, hematomas, **edemas.** • Problemas **hormonais.** • **Órgãos genitais** e patologias associadas. • Tumores. Presença de fatores cancerígenos. • **Estrabismo.** • Uso de meias de compressão. • Fragilidade no nível dos joelhos. • **Histeria.** • Quimioterapia.

A CASA DE DEUS

ICONOGRAFIA	• Uma **torre** cujo topo é derrubado por um **raio**, do qual fogem dois homens.
SIMBOLOGIA	• Quedas. • Fracassos. • *Habitat*, **imóveis residenciais**. • Situações **urgentes**. • Incêndios.

ATIVIDADES	• Bombeiros, **socorristas**. • Dublês, **acrobatas**. • **Profissionais da construção civil** (pedreiro, mestre de obras, arquiteto etc.). • **Guarda de imóvel, agente de segurança**. • **Seguradores**. • Fabricante de fogos de artifício.
BEM ASPECTADO	• **Capacidade de se questionar**. • Conscientização fulgurante. • Projetos inovadores. • **Reestruturação benéfica**.
MAL ASPECTADO	• **Ego superdimensionado**. • Falta de humildade. Obtuso. • Projetos mal construídos. • **Estresse inibidor**. • **Acidentes**. • Rescisão contratual, **suspensão temporária do contrato de trabalho** (sobretudo 16 + 13).
PARTE SOMBRIA	• **Megalomania**. • Atos terroristas, **atentados**. • Roubos.
HISTÓRICO MÉDICO	• **Emergências** médicas. Reanimação. • Cirurgias (sobretudo 16 + 13) • **Politraumatismo, choque**, traumatismo craniano. • **Acidentes**, quedas. • **Fraturas**. • Consultas ao **dentista**. • Problemas de densidade óssea. • Problemas na **coluna vertebral**, fratura vertebral etc.

A ESTRELA

ICONOGRAFIA	• Uma **jovem nua**, ajoelhada, esvaziando duas ânforas.
SIMBOLOGIA	• Estetismo, **beleza**. • **Natureza**, ambiente, **campo**. • **Cuidados**, bem-estar. • **Esperança**, idealismo. • **Astros**, destino. • Desabrochar, eclosão.

ATIVIDADES	• **Auxiliares de enfermagem** (sobretudo 17 + 14), enfermeiras. • **Medicina alternativa.** • **Esteticistas.** • **Astrólogas.** • **Pintoras**, poetas. • Caçador de pássaros.
BEM ASPECTADO	• **Tranquilidade, necessidade** de calma, de **harmonia.** • Lado "sentimental", romântico. • Benevolência. **Sensibilidade.** • **Serenidade**, seu lado **"zen".** • **Receptividade.** • Conjuntura favorável.
MAL ASPECTADO	• **Idealismo, devaneios.** • Projeta-se no futuro e se esquece de viver o presente. • Passividade. **Apatia.** • **Preguiça**, laxismo. • Conjuntura desfavorável.
PARTE SOMBRIA	• Melancolia, tristeza sem causa precisa. • **Vida ideal "imaginada".** • **Problema com o próprio corpo e a nudez.** • **Narcisismo.**
HISTÓRICO MÉDICO	• Saúde frágil. • Bulimia, **celulite.** • Narcolepsia. • Problemas **ginecológicos.** • **Terapias** alternativas, **holísticas.** • Pele, dermatologia, estrias. • Problemas bucais, labiais. • Possíveis distúrbios **circulatórios.** • Sensação de pernas pesadas.

A LUA

ICONOGRAFIA	• Uma paisagem **lunar** que representa um tanque e dois **canídeos** cercados **por edifícios**.
SIMBOLOGIA	• Psicologia. • **A noite**, profundezas do **inconsciente**. • Imóvel, **instalações**, **escritórios**, domicílio. • Mãe de família, lar. • A água, **oceanos**, intuição. • **Canídeos**. • Subentendidos, **rumores**.

ATIVIDADES	• Psicoterapeutas. • **Corretores de imóveis**, incorporadores. • **Navegadores**, marinheiros, pescadores. • Trabalho a distância, **trabalho em casa**. • **Escritores** (sobretudo 18 + 1). • **Comerciantes**, peixeiro. • Criadores de cães.
BEM ASPECTADO	• Lado "maternal". • **Intuição feminina, premonições**. • **Imaginação** fértil, **criativa**. • Casulo familiar protetor. • Generosidade.
MAL ASPECTADO	• **Mentiras**, fofocas, subentendidos. • **Hipocrisia**, fingimento. • **Suscetibilidade** à flor da pele. • Influência nefasta, ambiente nocivo. • Mudanças de humor, personagem **temperamental**.
PARTE SOMBRIA	• Mitomania. • Alcoolismo (sobretudo 18 + 14). • **Organização "nebulosa"**. • Misticismo.
HISTÓRICO MÉDICO	• Útero, **baixo-ventre**. • **Estado depressivo, melancolia**, tristeza sem motivo. • **Angústias** existenciais. **Ciclotimia**. • Cegueira, **véu opaco**. • Retenção de líquido. • Claustrofobia. • **Doenças** latentes ou **desconhecidas/não detectadas**.

O SOL

ICONOGRAFIA	• **Dois personagens** de tanga sob o **sol** no zênite.
SIMBOLOGIA	• Amor, **casal**. • **Solidariedade**, vínculos **fraternos**. • **Crianças**, vida. • **Associações**, parcerias. • **Ouro, luxo** e tudo o que "brilha". • Vocação, talentos.

ATIVIDADES	• Banqueiro. • Joalheiros, profissional que trabalha ou vende diamantes. • Profissões ligadas ao luxo e à criação. • Trabalho em associações, trabalho humanitário. • Profissões dedicadas à primeira infância. • Carreiras esportivas. • Treinamento, formação. • Diretor de teatro ou cinema.
BEM ASPECTADO	• Humanismo, generosidade. • Autenticidade. Grandeza de espírito. • Carisma, sua aura. • Vitalidade. • Alegria de viver, entusiasmo. • Personagem caloroso, solar. • Dupla harmoniosa, associação feliz. • Sucesso. Celebridade.
MAL ASPECTADO	• Fanfarronice. • Presunção, seu lado "altivo", arrogância. • Seu refrão preferido: "eu". • Ostentação, gosto pela aparência deslumbrante, mas enganadora. • Associação ruim. • Incompatibilidade amorosa.
PARTE SOMBRIA	• Esbanjador. • Artista fracassado. • Mediocridade. • Superficialidade extrema.
HISTÓRICO MÉDICO	• Grande vitalidade. • Atividade cardiovascular a ser controlada. • Fragilidade estomacal, queimação, úlceras etc. • Câncer de mama. Mamografia preconizada. • Queimaduras, insolação, melanomas. • Inflamações. • Vista a ser controlada. • Radioterapia.

O JULGAMENTO

ICONOGRAFIA	• Um **anjo tutelar**, munido de uma **trombeta**. Três personagens nus ao redor de um **túmulo**.
SIMBOLOGIA	• Mensageiro, **novidades**. • O divino, **o além**. • **Juízo Final**, **veredito**, sentença. • **Ressurreição**, redenção. • Rituais, **celebrações**. • **Internet**, **redes sociais**, comunicações. • **Conversas**, negociações. • **Música**, barulho, acústica.

ATIVIDADES	• Cronista, blogueiro. • Multimídia, comunicação. • Audiovisual. • Músico, cantor, engenheiro de som. • Carreiras jurídicas, magistratura.
BEM ASPECTADO	• Oralidade, arte da retórica. • Domínio das novas tecnologias. • Personalidade moderna, "atualizada". • Surpresa boa.
MAL ASPECTADO	• Comunicação ruim. Diálogo de surdos. • Hermetismo à modernidade. • Julgamento de valor, mordaz. • Veredito desfavorável. • Más notícias.
PARTE SOMBRIA	• Berros, gritos. • Vozes elevadas. • Clariaudiência.
HISTÓRICO MÉDICO	• Problemas auditivos, zumbidos etc. • Falta de ar, problemas respiratórios. • Baforadas delirantes (perturbação psicótica aguda e transitória). • Consulta a um pneumologista. • Distúrbios da fala, mutismo, autismo.

O MUNDO

ICONOGRAFIA	• Uma **dançarina** no centro de uma **mandorla**. Animais e um **anjo** nos quatro cantos da carta.
SIMBOLOGIA	• Êxito, **coroamento**, sucesso. • **Multidão**, lugares lotados. • Estrangeiro, **internacional**. • **Comércio**, mercantilismo. • **Clientela**. • **Prestígio**. • Museus, **obra-prima**.

ATIVIDADES	• Recursos humanos. • Comerciantes, vendedor. • Comércio internacional. • Profissões em contato com o público, com a clientela. • Professor de línguas estrangeiras, intérpretes. • Balé, primeiros-bailarinos, jovens alunos de dança.
BEM ASPECTADO	• Espírito aberto. • Bilinguismo, poliglota. • Excelente sociabilidade. Boa rede de relações. • Grande conhecimento da natureza humana. • *Globetrotter*, grande viajante. • Pertencimento a círculos fechados, a clubes particulares. • Excelente reputação, ícone planetário. • Desabrochar, realização pessoal.
MAL ASPECTADO	• Mundanidades. • Desdém, superioridade patente. • Medo de público, foge de multidão e dos outros. • Permanece trancado em casa, não sai. • Clientela em queda livre. • Ambiente hostil. • Reputação destruída. • Ambição, pretensões desmesuradas.
PARTE SOMBRIA	• Sentimento de invencibilidade, de onipotência. • Chauvinismo agudo. • Xenofobia.
HISTÓRICO MÉDICO	• Saúde florescente. • Doenças tropicais. • Pandemia, epidemia. • Agorafobia.

O LOUCO

ICONOGRAFIA	• Um **personagem** de aspecto **atípico** caminha com um **cão** em seu encalço e um bastão na mão.
SIMBOLOGIA	• **Loucura**, errância, **perda de referências**. • **Evolução**, continuidade, **alma**. • **Liberdade, aventura**. • Mendigo, **sem domicílio fixo**, cigano. • **Andarilho**, migrante, **clandestino**, os **viajantes**. • **Expatriação, mudança**. • O acaso.

ATIVIDADES	• **Psiquiatra**, psicanalista. • **Assistente social**, educador especializado. • **Carteiro**, mensageiro. • Atores, **humorista** *stand-up*. • **Profissional intermitente no setor artístico**. • **Criador** de novas correntes artísticas, de novas tendências.
BEM ASPECTADO	• **Aventureiro**, temerário. • Vanguardismo, **originalidade**. • **Personalidade excêntrica**. • **Independência**, espírito **livre**. • Espírito iluminado. • **Grande disponibilidade** para os outros, prestativo.
MAL ASPECTADO	• Irracional, imaterial. • Sem noção da realidade. • **Vida boêmia**, desestruturada. • **Ausência de organização**, "desordem". • Idiotices, besteiras. • Provas kármicas.
PARTE SOMBRIA	• Assaltante, batedor de carteira etc. • Marginalidade, anticonformismo. • **Toxicomania**. • Loucura.
HISTÓRICO MÉDICO	• O mundo da deficiência. • **Uso de drogas** recreativas, **opiáceos**. • Alucinações visuais. • **Depressão** (sobretudo 22 + 13). • **Bipolaridade**, esquizofrenia. • Dores de cabeça, cefaleias. • **Consultas** a um neurologista, **a um psiquiatra**. • **Taquicardia ou bradicardia**.

Observação: os arcanos maiores apresentados acima assumem um ou outro sentido dependendo da posição que ocupam nas tiragens, se são "bem aspectados" ou "mal aspectados".

Bem aspectado: terminologia empregada para definir todo arcano posicionado em **A** em uma tiragem em cruz ou para qualificar toda lâmina de tarô cercada por outros arcanos com polaridades positivas, independentemente de sua posição na tiragem.

Mal aspectado: terminologia empregada para definir todo arcano posicionado em **B** em uma tiragem em cruz ou para qualificar toda lâmina de tarô cercada por outros arcanos com polaridades negativas, independentemente de sua posição na tiragem.

AUXÍLIO À INTERPRETAÇÃO

NOÇÕES ELEMENTARES

Dependendo dos arcanos tirados, você se situará no terreno da reflexão, da ação, da oralidade ou da emoção.

ARCANOS DA REFLEXÃO

A Papisa: influi nos estudos, nas reflexões de qualidade, na meditação. É contemplativa. Sua reflexão é profunda.

A Justiça: a reflexão é ponderada, calibrada e a mais imparcial possível. É feita uma "constatação", um balanço da situação. Ela pesa os prós e os contras. A reflexão se refere à análise.

O Eremita: reflete sobre si mesmo, sobre seu percurso, sua história, suas origens, seu passado etc. É encontrado nas reflexões metafísicas.

O Pendurado: a reflexão é imposta pelas circunstâncias. O destino nos obriga a amadurecer a reflexão, a rever nossa cópia sob outro ângulo. Sua presença costuma trazer uma dimensão espiritual à reflexão.

A Lua: a reflexão é de ordem psicológica. Mergulhamos nas profundezas do inconsciente. A reflexão provém dos problemas e dos tormentos, de nossos medos inconfessados.

ARCANOS DA AÇÃO

O Mago: a ação se situa no terreno da criação. Necessidade de começar a agir. Inicia-se uma ação.

O Carro: influi nas atividades. Está no centro da ação. Os projetos avançam, progride-se.

A Roda da Fortuna: as coisas se movem com rapidez ou se depositam subitamente; somos levados pelos acontecimentos; tudo se acelera. A ação é instantânea.

A Força: age-se diretamente nos acontecimentos; toma-se a rédea das coisas com seriedade. Atitude ativa e determinada. Energia boa. A ação é voluntária.

O Arcano sem Nome: influi nas mudanças brutais, desejadas ou sofridas, dependendo do contexto. A ação é radical, às vezes dolorosa; como uma lâmina de fundo, abre caminho para uma metamorfose.

O Louco: há uma progressão, uma evolução; o destino está "em marcha"; sua ação é inelutável.

ARCANOS DA ORALIDADE

O Papa: a expressão oral é utilizada no âmbito de um ensinamento; a elocução é bem elaborada a fim de cativar seu auditório. Ele dá conferências, sabe manejar o verbo, encarna como ninguém a arte da retórica.

A Temperança: influi na comunicação; transmite informações de A a B; representa os contatos e as comunicações telefônicas. A oralidade passa pela transmissão de informações.

O Julgamento: arcano emblemático das comunicações e, sobretudo, da *web* e da internet. A oralidade é idealizada pela trombeta do anjo tutelar. Esse arcano da oralidade nos ordena a ouvir as mensagens que nos são enviadas.

ARCANOS DA EMOÇÃO

O Enamorado: encarna a emoção, o afeto e as relações de amizade. A carga emocional varia segundo o tipo de encontro e o grau de cumplicidade.

O Diabo: é a expressão da paixão e dos sentimentos "viscerais"; situa-se na efusão, no excesso. As emoções são exacerbadas.

O Sol: faz apologia à felicidade e veicula valores familiares como a fraternidade. A emoção que suscita é a do calor humano e do amor incondicional.

Observação: alguns arcanos têm dupla função. Assim, o Enamorado é, sobretudo, um arcano da emoção, mas também entra na categoria dos arcanos da oralidade, pois sua iconografia ilustra um grupo, um encontro de vários protagonistas que, de fato, implica comunicação.

Do mesmo modo, o Papa é um arcano da reflexão, pois implica um auditório e um ensinamento, mas primeiro atua no terreno da retórica e preside os debates.

Outros arcanos mais complexos, como o Mundo, o Imperador e a Casa de Deus, não entram especificamente em uma categoria, pois exprimem conceitos muito amplos.

O Mundo: engloba um conceito de sucesso e realização que ultrapassa em grande medida toda forma de classificação. A realização pode ser afetiva, material, profissional, pessoal.

O Imperador: já não precisa agir nem provar nada aos outros. Evolui essencialmente no terreno da materialidade. Engloba um princípio de estabilidade tanto emocional quanto material.

A Casa de Deus: exprime um conceito binário de "destruição-construção", e um não se dá sem o outro. Esse princípio se aplica a todos os níveis da vida.

Teremos a oportunidade de assimilá-los em sua totalidade ao longo das tiragens de tarô.

PERSONAGENS

Não há como aprender o Tarô de Marselha sem se demorar em seus personagens, especialmente em seus gestos, suas expressões, seus comportamentos e suas posturas.

Uma regra básica consiste em observar suas interações, concentrando-se em suas posições e em seus respectivos olhares. Dependendo do caso, observam-se tanto cumplicidade quanto desprezo. Vale a pena dedicarmos um tempo à análise de alguns exemplos, para que eu possa fundamentar meu pensamento:

Os olhares convergem tal como no binômio seguinte:

Comentário: eles estão frente a frente, os olhares são fixos e sinceros; neles descobrimos uma grande conivência. São cúmplices, estão como absorvidos em uma reflexão comum, em um debate. Traduzem uma relação de confiança, uma benevolência.

De costas um para o outro, como no binômio seguinte:

Comentário: dão nitidamente a impressão de estarem aborrecidos, amuados um com o outro. A atitude é da ordem da indiferença e até do desprezo. Pode tratar-se de dois colaboradores em uma relação tensa, de um irmão e de uma irmã opostos ou em desacordo e até de um casal que não vê as coisas sob o mesmo prisma, que se "perderam de vista". Exprimem desconfiança e falta de união.

Espiam-se como no binômio seguinte:

Comentário: nesse caso, a Imperatriz olha de soslaio para o Papa, que não necessariamente a percebe. Ela busca atrair sua atenção, está "de olho" nesse homem maduro ou talvez simplesmente o admire, como uma filha idolatraria o próprio pai. Seja como for, seu olhar é evocativo, e ela não é indiferente ao charme dele.

Quando a Papisa se mostra maternal:

Comentário: sentada atrás de nosso Imperador, essa mulher madura o observa com benevolência. Parece auxiliá-lo, dirigi-lo, em resumo, ditar sua conduta. Na prática, muitas vezes ela anuncia uma mãe invasiva ou um homem sufocado pela onipresença de uma mãe intrusa. Nela encontramos como modelo o mito da mãe judia, que protege sua prole.

Ao contrário, se estivéssemos na presença do binômio 2 + 4, o Imperador seguiria os passos da Papisa e, nesse caso, teríamos mais um homem colado à barra da saia da mãe.

Observação: essa pequena amostra de binômios revela todas as sutilezas do Tarô de Marselha. Seus personagens são animados por emoções como qualquer ser humano. Seus olhares e suas posturas evocam particularmente mensagens que o tarô nos envia todos os dias. Portanto, ao longo das tiragens e do aprendizado, você descobrirá que todos os personagens do tarô tecem verdadeiras relações, como os seres vivos.

Chegamos ao fim deste primeiro capítulo, desse "kit de sobrevivência" que estabeleceu a tipografia dos 22 arcanos maiores sob a forma de fichas mnemotécnicas, nas quais palavras-chave são destacadas, a fim de facilitar a assimilação e o aprendizado desse belo instrumento divinatório.

Agora que possuímos essa "caixa de ferramentas", vamos nos debruçar sobre o estudo e a interpretação de diversos casos práticos no âmbito da tiragem chamada de "*à la carte*".

Capítulo 2

A TIRAGEM "À LA CARTE"

Ideal para os iniciantes e para quem desejar se familiarizar com os arcanos maiores do Tarô de Marselha, esse modo de tiragem "básico" é utilizado principalmente para obter uma resposta instantânea a uma pergunta precisa.

Mesmo sendo raramente utilizado pelos usuários do Tarô de Marselha, esse tipo de tiragem com apenas uma carta não deixa de ser muito eficaz, sobretudo para perguntas simples, como a de querer saber se tal pessoa entrará em contato com você em tal data ou como será o seu dia. É uma de minhas tiragens preferidas, pois elimina toda forma de ambiguidade e não deixa espaço para interpretações exageradas ou inábeis. Com efeito, essa tiragem de tarô se limita a fatos e eventos precisos, que muitas vezes exigem uma resposta igualmente precisa, como um SIM ou um NÃO.

O princípio da tiragem "*à la carte*" é muito simples: consiste em enunciar a problemática, formular claramente a pergunta, embaralhar os 22 arcanos maiores e tirar uma única lâmina de tarô, que deverá ser colocada com a face visível à sua frente, uma vez que esta será a resposta para a pergunta feita. Apesar de seu aspecto prático, esse tipo de tiragem de uma carta demanda um sólido conhecimento dos arcanos maiores e das temáticas associadas.

Antes de abordar as tiragens e os casos práticos a seguir, eu gostaria de lhes dar o princípio de base para obter a interpretação desse tipo de tiragem, a saber:

Como regra geral, a afirmativa (SIM) se traduz pelos arcanos 21 e 19, e a negativa (NÃO), pelos arcanos 13 e 16. Entretanto, existem algumas exceções a essa regra de ouro, que explicarei ao longo de nossas tiragens de tarô.

Cada arcano tirado espontaneamente sempre traz uma resposta clara, mesmo no caso em que você não consiga responder com sim ou não. Portanto, será preciso analisar a iconografia do arcano em questão e descobrir a temática à qual ele tradicionalmente se vincula, a fim de adaptar sua resposta à pergunta.

Por certo, é preciso ter o cuidado de ler com a máxima atenção o título da pergunta e observar o grafismo do arcano tirado. Quanto mais concisa for a pergunta, tanto mais sucinta será a resposta. Em outros termos, se a pergunta não der margem a dúvidas – o que costuma acontecer nesse modo de tiragem "*à la carte*" –, é bem provável que a resposta tenha como resultado um sim ou um não. Desse modo, de nada adianta retirar uma carta se a que você tem à sua frente não o inspira, pois é ela que lhe dará a resposta definitiva. Nenhuma tiragem de tarô é inexplorável; apenas a prática e o treino cotidiano desse tipo de tiragem lhe permitirão ler as cartas com facilidade.

Passemos, então, da teoria à prática sem mais demora.

CASOS PRÁTICOS

Pergunta 1: Meu irmão vem me visitar esta noite?

Tiragem nº 1

Comentário: o arcano 13 cumpre aqui seu papel de negação, como em 90% dos casos. Muitas vezes, traduz uma ausência ou anulação e, nesse exemplo, alguém que não estará presente nesta noite. Contudo, como veremos, há exceções a essa regra de ouro, dependendo da temática abordada.

Resposta: **NÃO**.

Tiragem nº 2

Comentário: o arcano 19 responde, na maioria dos casos, de forma afirmativa; o que é ainda mais verdadeiro nesse exemplo específico, uma vez que o grafismo da lâmina materializa ligações fraternas. Portanto, visualizamos bem duas pessoas felizes por estarem juntas.

Resposta: **SIM**.

Tiragem nº 3

Comentário: arcano emblemático da lentidão e dos atrasos, o Eremita também simboliza a solidão. No caso, você vai passar a noite sozinho, esperando em vão. Em resumo, a resposta indica um "não" para esta noite, e sua visita é adiada para "mais tarde".

Resposta: **NÃO**.

PERGUNTA 2: VOU PARTIR DE FÉRIAS PARA A INGLATERRA?

Tiragem nº 4

Comentário: o arcano 21 indica quase sistematicamente uma resposta afirmativa, sobretudo porque sua designação "O Mundo" evoca o estrangeiro e os intercâmbios internacionais. Além disso, esse arcano materializa a intercontinentalidade em geral e especialmente o mundo anglófono, em razão de seu caráter universal. No caso, você vai passar uma temporada na Inglaterra, sem sombra de dúvida.

Resposta: **SIM**.

Tiragem nº 5

Comentário: o arcano 22 sempre simboliza um deslocamento, um movimento e, nesse caso, o fato de partir para a aventura, de "se colocar em marcha" ou "estar de partida para". Não é fruto do acaso o fato de essa lâmina do tarô materializar os fluxos migratórios e os êxodos. O grafismo da carta é eloquente: visualizamos esse personagem munido de uma trouxa e de um bastão, tal qual um andarilho, um migrante e, portanto, um viajante. Portanto, haverá, sim, uma partida para a Inglaterra.

Resposta: **SIM**.

Tiragem nº 6

Comentário: esse arcano de apaziguamento prega a calma e as férias, indica lazer e necessidade de repouso. Além desse aspecto clássico da carta, sua iconografia, sobretudo a presença de asas, é uma alusão às viagens aéreas e à aviação de modo geral. Nesse exemplo específico, o arcano não apenas exalta as férias, mas também indica que a viagem para o outro lado do Canal da Mancha será feita de avião. Haverá, afinal, férias ou uma temporada turística na Inglaterra.

Resposta: **SIM**.

Tiragem nº 7

Comentário: a presença do Arcano sem Nome indica uma anulação (13), quer você seja ou não a causa. Esse projeto de férias do outro lado do Canal da Mancha simplesmente não ocorrerá.

Importante: caso se tratasse de uma expatriação ou de uma temporada prolongada no estrangeiro que implicasse um verdadeiro projeto de vida, em vez de um simples afastamento geográfico ligado a férias, a resposta teria sido outra. Nessa circunstância, teríamos concluído pela resposta afirmativa. Com efeito, a presença desse arcano costuma simbolizar uma vontade irresistível de "soltar as amarras", de "virar a página" e recomeçar do zero em outro lugar. Ora, em nosso contexto, o afastamento é de curta duração, apenas o tempo das férias.

Resposta: **NÃO**.

PERGUNTA 3: MEU EX-MARIDO VAI VOLTAR?

Tiragem nº 8

A RODA DA FORTUNA

Comentário: a Roda da Fortuna evoca os acontecimentos recorrentes, cíclicos, as renovações e, no caso, os retornos. A presença do arcano 10 indica sistematicamente o retorno de determinada pessoa à sua vida. Portanto, responderemos com um grande "SIM".

Resposta: **SIM**.

Tiragem nº 9

Comentário: sem dúvida haverá um novo contato pela internet, pois o arcano 20 simboliza principalmente as correspondências via *web* e, de modo secundário, os contatos telefônicos, mas isso não prevê um retorno de seu ex-marido. Por não se conhecer a natureza dessas futuras correspondências na rede, por enquanto nada indica um retorno. Em contrapartida, haverá, sim, um novo contato.

Resposta: **NÃO**.

Tiragem nº 10

Comentário: tem-se uma típica resposta negativa do arcano 13, cuja presença aqui também exprime a "separação" ocorrida no passado.

Portanto, não haverá retorno, nem hoje, nem amanhã. Essa resposta é definitiva e não deixa esperança.

Resposta: **NÃO**.

Pergunta 4: Vou assinar um contrato de trabalho em breve?

Tiragem nº 11

Comentário: embora o arcano responda novamente pela negativa, sua iconografia simboliza mais o desemprego do que a assinatura de um contrato. Sua presença anuncia, ao contrário, uma mudança radical, como uma rescisão contratual ou até mesmo o fim de um contrato, se você estiver trabalhando, ou o fato de que infelizmente ainda permanecerá inativo por um período, caso esteja desempregado. Em oposição às ideias preconcebidas, meus quinze anos de experiência me permitem afirmar que raras vezes esse arcano representa a metamorfose salutar que todo mundo nos vende.

Resposta: **NÃO**.

Tiragem nº 12

Comentário: a presença desse arcano emblemático dos contratos e dos documentos oficiais é pertinente, sobretudo quando a temática se baseia na assinatura de um contrato. Portanto, haverá um resultado favorável em breve.

Resposta: **SIM**.

Tiragem nº 13

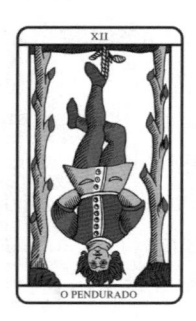

Comentário: o arcano do Pendurado evoca sobretudo o imobilismo e os bloqueios; sua presença solitária anuncia complicações e contrariedades suficientemente importantes para obrigar a renunciar a certos projetos ou a colocá-los em *stand-by*. Nesse caso, a mensagem do tarô é clara: não haverá assinaturas em breve, e a situação não sofrerá nenhuma alteração.

Resposta: **NÃO**.

Tiragem nº 14

Comentário: o Eremita é o arcano emblemático da lentidão e dos atrasos. Nesse caso, sua presença não significa necessariamente uma resposta negativa no final, mas será preciso prever atrasos mais ou menos longos e armar-se de paciência. Portanto, a assinatura de um contrato não está na ordem do dia.

Resposta: **NÃO**.

PERGUNTA 5: VOU ME MUDAR NESTE ANO?

Tiragem nº 15

Comentário: o grafismo fala de si mesmo: o Imperador simboliza o enraizamento, a solidez, a estabilidade, e sua posição sentada, meio afundada no assento, com as pernas cruzadas, confirma amplamente a ideia segundo a qual ele não pretende ser deslocado. Essa lâmina de tarô não influi nos movimentos. No caso, você continuará onde está neste ano.

Resposta: **NÃO**.

Tiragem nº 16

Observação: embora esse arcano costume responder quase sistematicamente pela negativa, tal como a lâmina 13, não é o que ocorre nesse exemplo específico. Ao observarmos o grafismo de perto, sem dúvida notamos uma situação caótica, uma torre pegando fogo e pessoas que parecem lançadas dela; no entanto, ela simboliza tanto os prédios residenciais ou conjuntos habitacionais quanto as perturbações e reviravoltas repentinas e, muitas vezes, rápidas. Em uma tiragem sobre mudança, sua presença sempre é de bom agouro, uma exceção a mais que confirma a regra. Portanto, convém permanecer vigilante e dar prioridade às imagens e à simbologia do arcano. Nesse caso, uma mudança ocorrerá ao longo do ano.

Resposta: **SIM**.

Pergunta 6: Vou ter um encontro amoroso neste ano?

Tiragem nº 17

Comentário: essa lâmina do Tarô de Marselha continua sendo o arcano emblemático dos encontros afetivos. Embora sua presença não pressagie absolutamente a qualidade nem a seriedade do encontro em questão, atesta um futuro encontro amoroso. No caso, esse arcano confirma a ocorrência de um idílio amoroso.

Resposta: **SIM**.

Tiragem nº 18

Comentário: embora esse arcano costume responder de imediato pela negativa, eis uma primeira exceção a essa regra de ouro. A iconografia, por tradição, simboliza uma ruptura ou uma separação para quem vive uma relação amorosa e, ao mesmo tempo, representa o encontro de um(a) viúvo(a) ou de um(a) divorciado(a) para uma pessoa em busca de um grande amor. Mesmo sendo muito difundido, infelizmente esse sentido bastante positivo do Arcano sem Nome é desconhecido dos usuários do Tarô de Marselha, o que gera muitos contrassensos. Nesse caso específico, o arcano nos informa sem rodeios a respeito do estado civil do futuro encontro, ou seja, um(a) viúvo(a) ou um(a) divorciado(a).

Resposta: **SIM**.

Tiragem nº 19

Comentário: o Sol evoca essencialmente encontros importantes, vínculos fraternos e casais. Portanto, sua presença confirma um bom encontro amoroso, em que os sentimentos são retribuídos. Esse arcano anuncia que a pessoa conhecerá seu *alter ego* ou, pelo menos, terá uma grande cumplicidade com alguém. No caso, esse arcano do tarô prevê um encontro amoroso de qualidade.

Resposta: **SIM**.

Tiragem nº 20

Comentário: esse arcano descreve sobretudo uma solidão afetiva ou até mesmo uma vida monástica; apenas raramente anuncia um verdadeiro encontro. Antes, evoca a busca por um amor, a procura por alguém. Além disso, o Eremita desempenha uma dupla função e nos fornece um detalhe importante: como arcano emblemático do passado, representa toda pessoa voltada a seu passado amoroso ou ainda assombrada por ele. Nesse caso, a pessoa não está pronta para conhecer alguém e ainda precisará de tempo para se desligar de seu passado amoroso. Por isso, há que se prever atrasos em relação ao espaço-tempo indicado na pergunta inicial.

Resposta: **NÃO**.

PERGUNTA 7: VOU CONSEGUIR MEU DIPLOMA?

Tiragem nº 21

Comentário: o arcano do Mundo e sua mandorla entrelaçada de louros simbolizam de imediato a vitória e o sucesso. Trata-se aqui do "coroamento" de um exame bem-sucedido. Inútil discorrer nesse caso; convém responder pela afirmativa.

Resposta: **SIM**.

Tiragem nº 22

Comentário: a simbologia do arcano remete essencialmente a "uma queda". No universo das provas, essa lâmina de tarô evoca sobretudo as decepções e os grandes fracassos, as "bombas nas provas". Essa lâmina não se resume a materializar ou quantificar seu nível de estresse, como se costuma ver nos fóruns de tarô; ela de fato anuncia uma "queda" ou uma onda de choque como consequência dos maus resultados nos exames. Muitas vezes a pessoa achou-se capaz ou não estudou suficientemente as bases e os próprios fundamentos da prova. Em ambos os casos, trata-se de um fracasso.

Resposta: **NÃO**.

Tiragem nº 23

Comentário: essa lâmina do tarô é muito interessante porque materializa a finalidade, ou seja, o documento ou o título oficial (certificado, habilitação, diploma, carteira de motorista etc.), munido do selo da administração a que se refere. Portanto, não há dúvida de que a Justiça, que representa essencialmente os órgãos estatais e os documentos oficiais, entregará os diplomas.

Resposta: **SIM**.

Pergunta 8: Minha irmã vai retomar o contato comigo?

Tiragem nº 24

Comentário: a Temperança simboliza essencialmente os contatos telefônicos e a comunicação em geral. Portanto, sua presença aqui é um ótimo sinal, pois anuncia uma retomada de contato sem sombra de dúvida.

Resposta: **SIM**.

Tiragem nº 25

Comentário: o Arcano sem Nome enfatiza a ruptura em questão e o fato de que uma das partes "cortou o vínculo" ou se afastou em razão das circunstâncias. Por mais impiedoso que isso possa parecer, esse arcano não anuncia nenhuma retomada de contato, nem no momento atual, nem no futuro. Em outros termos, se o consulente não entrar em contato com a própria irmã, ela não o fará de livre e espontânea vontade. Atenção: se essa pessoa for muito idosa e o consulente não tiver notícias dela há muito tempo, a presença dessa lâmina do tarô pode significar seu falecimento. No caso, contentemo-nos em responder à pergunta com uma negativa.

Resposta: **NÃO**.

Tiragem nº 26

Comentário: o aparecimento do Julgamento é um bom presságio nesse tipo de problemática. De fato, ele é o arcano emblemático da comunicação e das correspondências pela internet, de modo que sua presença é suficiente para dar uma resposta afirmativa. Portanto, o consulente receberá notícias ou um novo contato pela *web*.

Resposta: **SIM**.

PERGUNTA 9: VOU TROCAR DE CARRO NESTE ANO?

Tiragem nº 27

Comentário: o arcano do Carro é emblemático dos transportes e dos deslocamentos terrestres. Sua iconografia representa uma carruagem e remete a um veículo parecido com um automóvel. No caso, a presença desse arcano prevê uma mudança rápida de veículo.

Resposta: **SIM**.

Tiragem nº 28

Comentário: embora na maior parte dos casos essa lâmina de tarô dê uma resposta afirmativa e, mais uma vez, não fuja a essa regra básica, o belo sol atrai nossa atenção para o que brilha e resplandece, aqui representado pela necessidade de comprar um veículo novo em folha. Como esse arcano sempre traduz um conceito de embelezamento, talvez não seja obra do acaso encontrá-lo para descrever retoques na aparência do rosto ou falar de cirurgia plástica.

Resposta: **SIM**.

Tiragem nº 29

Comentário: esse belo arcano do tarô evoca um ideal, uma esperança e até mesmo um sonho que cultivamos. Fala mais de realizações futuras, de um desejo que exprimimos e de uma esperança do que de um projeto concreto. Nesse caso, nosso interlocutor nos diz que, em teoria, "o ideal" seria trocar de carro, não mais do que isso. Não dispomos de elementos suficientes para responder de maneira afirmativa; portanto, para se ter mais precisão, convém proceder à tiragem de um segundo arcano.

Resposta: **NÃO**.

Tiragem nº 30

Comentário: inicialmente, essa lâmina do Tarô de Marselha encarna um princípio de continuidade. O indivíduo avança como pode, seguindo sempre em frente; mesmo claudicando e com dificuldade para caminhar, continua seu caminho. Transferido para o contexto da questão, o lado "utilitário" do automóvel parece prevalecer. Ele pode nos conduzir ao nosso destino, ainda que, tal como o louco de calças rasgadas, esteja realmente danificado ou em mau estado de conservação. O automóvel ainda poderá aguentar o ano em curso, e não é útil trocá-lo de imediato. Também vale notar que esse arcano representa os longos trajetos (de avião, de carro, a pé) e muitas vezes caracteriza os vendedores ou todos aqueles que utilizam os veículos da empresa.

Resposta: **NÃO**.

Pergunta 10: Vou ter de operar minha hérnia?

Tiragem nº 31

Comentário: o arcano da Força utiliza as mãos para manter aberta a boca de um animal. Esse arcano evoca essencialmente pontos de apoio e manipulação, uma vez que a iconografia remete aos movimentos praticados pelos fisioterapeutas ou por alguém que, sem estudos médicos, tenta curar fraturas e luxações. A Força também é o arcano emblemático dos músculos. Nesse caso, recomenda fortificar e tonificar a parte nevrálgica, mas de modo algum operar. Seria mais prudente encaminhar esse cliente para sessões de fisioterapia para que ele pudesse se restabelecer.

Resposta: **NÃO**.

Tiragem nº 32

Comentário: eis um verdadeiro exemplo clássico. Há uma grande probabilidade de que a operação ocorra, pois esse arcano é emblemático das intervenções cirúrgicas. Contudo, esse esqueleto materializa a ossatura, descrevendo as sessões de osteopatia e até de fisioterapia.

Resposta: **SIM** e **NÃO**. Como não sou médico, convém tirar um segundo arcano. Por exemplo, o binômio 13 + 16 não deixaria dúvidas e indicaria uma operação, uma vez que o 16 representa a coluna vertebral e as emergências médicas. Esse caso específico demonstra os limites da tiragem "*à la carte*". Na dúvida ou na falta de elementos convincentes, é preferível abster-se a formular uma resposta incisiva e preocupar o cliente desnecessariamente.

Tiragem nº 33

Comentário: o arcano do Pendurado certamente evoca um bloqueio, uma pessoa "imobilizada" ou até acamada, mas sobretudo consultas médicas de todo tipo. Indica consultas, mas por si só não especifica uma intervenção cirúrgica. Por fim, essa lâmina do tarô também simboliza os problemas nos ligamentos, as tendinites e talvez um nervo pinçado. Nesse caso, a resposta será negativa quanto a uma hipotética operação.

Resposta: **NÃO**.

Tiragem nº 34

Comentário: esse belo arcano do Tarô de Marselha evoca tratamentos e medicina alternativa. Anuncia uma melhora, uma interrupção nos sintomas e até uma cura completa em alguns casos. Nesse exemplo, a presença dessa lâmina preconiza terapias alternativas, como o recurso à fitoterapia, à homeopatia e à naturopatia. Seu grafismo também remete aos tratamentos com água, tal como a talassoterapia ou a balneoterapia, porém não fala absolutamente de cirurgia.

Resposta: **NÃO**.

PERGUNTA II: VOU PASSAR NO EXAME PARA TIRAR A CARTEIRA DE HABILITAÇÃO?

- Casos práticos, baseados em clientes que farão o exame pela segunda vez.

Tiragem nº 35

Comentário: arcano dos imprevistos e das situações inéditas, para as quais não estamos preparados, essa lâmina do Tarô de Marselha põe em dúvida as certezas adquiridas. Nesse exemplo, a Casa de Deus indica um nível de estresse muito elevado no momento do exame, uma confusão mental e, sobretudo, uma desagradável série de circunstâncias que termina em fracasso. Também a encontramos em casos de acidentes de trânsito. Aqui, a Casa de Deus cumpre plenamente sua função de negação.

Resposta: **NÃO**.

Tiragem nº 36

Comentário: o livro que a Papisa tem nas mãos simboliza aqui o manual do Código de Trânsito e, portanto, por extensão, todos os exames escritos. Esse arcano anuncia o êxito no exame, enfatizando o fato de que "suas lições" foram corretamente aprendidas. Nesse caso, a candidata passará no teste.

Resposta: **SIM**.

Tiragem nº 37

Comentário: a Lua contém muitos mistérios para os aprendizes de tarólogo, pois parece nebulosa. Reconheço que, dependendo do contexto em que aparece, muitas vezes essa lâmina do tarô é "hermética" para os iniciantes. Nesse caso preciso, ela traduz as zonas de sombra e o desconhecido; por isso, não temos resposta ou temos perguntas às quais respondemos às cegas. Aqui, ela indica uma opacidade ou uma total falta de nitidez, que pressagia o fracasso no exame para tirar a carteira de habilitação.

Resposta: **NÃO**.

Tiragem nº 38

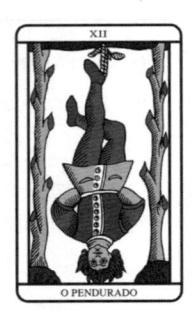

Comentário: a presença do Pendurado anuncia um bloqueio que não é bom sinal nesse tipo de questionamento. Esse arcano materializa as falhas e os erros cometidos nos exames. Portanto, a resposta à pergunta será definitiva e se concluirá com a negação.

Resposta: **NÃO**.

Pergunta 12: Vou ser pai em breve?

- Casos práticos, baseados em clientes casados que tentam ter filhos.

Tiragem nº 39

[O IMPERADOR]

Comentário: princípio de virilidade e masculinidade, o Imperador simboliza o *yang*. Costuma encarnar o pai de família e, além disso, simboliza a autoafirmação e a maturidade. Estabelece um contexto, transmite importância, estabilidade e proteção. Nesse caso, sua presença fornece de imediato uma resposta positiva; portanto, o consulente será "papai" em breve.

Resposta: **SIM**.

Tiragem nº 40

Comentário: esse arcano "solar" simboliza o *yang*, uma energia masculina, em oposição ao *yin* e à feminilidade da Lua. Nesse caso, o grafismo da carta evoca duas crianças, razão pela qual se considera essa lâmina do tarô o arcano emblemático das crianças.

Aborda-se a questão da paternidade sob outro ângulo, pois o arcano do Sol focaliza nossa atenção no resultado, ou seja, os filhos. Contudo, ao contrário do que pude ler em alguns casos, essa carta não permite saber se a pessoa em questão será pai uma ou duas vezes (apesar da dualidade transmitida pelo arcano).

Resposta: **SIM**.

Tiragem nº 41

Comentário: enquanto a presença desse arcano é mais benéfica na tiragem de uma mulher que faça a mesma pergunta, uma vez que simboliza o embrião ou o feto, o mesmo não se dá quando é o homem a perguntar. Nesse caso, o Pendurado identifica um bloqueio, muitas vezes de ordem clínica. Com efeito, costuma ser encontrado nos problemas ligados à esterilidade masculina. Como não somos médicos, convém ater-se à versão do "bloqueio" e responder pela negativa, uma vez que a interrogação se baseia no curto prazo. De fato, pode tratar-se tanto de um bloqueio temporário quanto de uma impossibilidade de ter filhos.

Resposta: **NÃO**.

PERGUNTA 13: VAMOS RECEBER NOSSA PARTE NA HERANÇA?

Tiragem nº 42

Comentário: arcano emblemático do lar e dos bens familiares, a Lua materializa principalmente os legados, os testamentos, as heranças e, de maneira geral, tudo o que se refere às sucessões familiares. Isso é ainda mais verdadeiro quando essa lâmina do tarô se encontra situada perto do Arcano sem Nome, que simboliza as copropriedades e os falecimentos. Assim, com frequência o binômio 18 + 13 evoca um cartório (18) de tabelião (13). Nesse caso, sua presença anuncia claramente que a herança implicará interessados de uma maneira ou de outra.

Resposta: **SIM**.

Tiragem nº 43

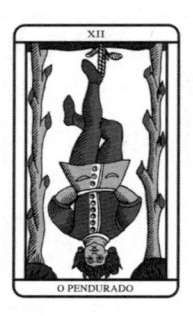

Comentário: mais uma vez, nosso Pendurado faz o papel do desmancha-prazeres. Nesse caso, indica um sério bloqueio em nível sucessorial ou uma situação de traição da qual o consulente é vítima. Em termos muito mais concretos, vão tentar "passar a perna nele". Talvez se trate de uma cláusula testamentária que o afasta definitivamente da sucessão, de um dolo ou de um vício oculto que o prejudique.

Resposta: **NÃO**.

Capítulo 3

A TIRAGEM DOS BINÔMIOS

Esse modo de tiragem, que consiste em extrair duas cartas do baralho de tarô e analisá-las lado a lado, é de longe o mais difundido. É utilizado para se obter uma resposta rápida a uma pergunta precisa.

Minha obra *Guide d'interprétation des 462 binômes* (Guia de interpretação dos 462 binômios), publicada em 2010 e ampliada em 2014, retoma cada par de cartas sob a forma de frases isoladas, que correspondem a um contexto bem definido. Se o presente livro resultou de milhares de consultas alinhadas com a realidade do cotidiano, também é verdade que é de difícil acesso para os iniciantes e atende mais a um perfil "experiente". Portanto, neste capítulo, pretendo ajudar e ensinar o leitor a decodificar e interpretar sozinho esses famosos binômios, para que se torne totalmente autônomo na matéria.

Antes de lhe propor uma seleção de casos práticos que retomam uma amostra representativa dos binômios mais comuns, cabe responder à seguinte pergunta: o que é um binômio?

O dicionário *Petit Robert 1*, de 1977, define binômio como "uma expressão algébrica, composta de dois termos (monômios), separados pelo sinal +". Já o *Larousse* fala de "polinômios compostos de dois termos, sendo estes monômios de graus ou variáveis diferentes". Por fim, na nomenclatura dos seres vivos, o *Larousse* descreve "um conjunto de duas palavras latinas, a primeira designando o gênero (nome genérico), e a segunda, a espécie (nome específico)". Nesse caso, de acordo com as definições acima, um binômio se apresenta da seguinte forma:

A + B

Em tarologia, um binômio é, portanto, a adição de dois arcanos, sendo que o segundo age como um revelador que qualifica e colore o primeiro. Por ser um acréscimo com igual valor, esse segundo arcano do tarô ou "enxerto" divulga sistematicamente informações suplementares e precisas, capazes de aprimorar sua resposta. Essa segunda lâmina do tarô SEMPRE oferece um suplemento anímico às suas análises e, no mínimo, um suplemento de informações para sua interpretação.

Enquanto alguns tarólogos têm uma visão binária das associações de cartas, reduzindo de maneira sistemática a expressão do binômio a um "mais" e um "menos", em que o segundo arcano seria necessariamente negativo, sustento, ao contrário, que esse aspecto maniqueísta engloba os dois arcanos em um sistema pré-fabricado e muito distante do que nos diz o Tarô de Marselha. De fato, como vimos no capítulo anterior, por si só, todo arcano encarna, tal como todo ser humano, um *yin* e um *yang*, uma bipolaridade, positiva e negativa. Portanto, não há necessidade de atribuir um valor "a favor" e "contra" nesse tipo de tiragem.

Com efeito, a adição de um segundo arcano a um primeiro não pode absolutamente ser negativo, pois se trata de uma nova contribuição de informações que enriquece nossa interpretação. Mesmo quando esse binômio exprime uma ideia "negativa" sobre determinado assunto, a segunda lâmina de tarô representa uma vantagem, um "acréscimo" à interpretação do conjunto do binômio. É importante ter em mente sobretudo que o primeiro arcano maior responde diretamente à pergunta, enquanto o segundo permite ajustar sua resposta à realidade da maneira mais aproximada.

Desse modo, as duas perguntas fundamentais que convém fazer por ocasião da tiragem de um binômio são:

- O que nos diz o primeiro arcano, ou seja, **A**?

O primeiro arcano que você selecionar responde automaticamente à pergunta. Ele envia uma mensagem clara e objetiva, seja ela positiva ou negativa, dependendo do contexto da pergunta. Graças a esse primeiro arcano, que chamaremos de **A**, a resposta aparecerá diante de seus olhos. Ele representa a ênfase; portanto, é essencial compreendê-lo corretamente em seu contexto.

- Qual suplemento de informações nos traz o segundo arcano, ou seja, **B**?

O segundo arcano desempenha o papel de "adjetivo qualificativo". Ele chega para colorir sua resposta, fornecendo detalhes mais precisos, capazes de enriquecer sua interpretação.

Importante: quando você interpretar um binômio, é imperioso concentrar-se exclusivamente no visual de cada arcano maior, e não em seu número (a tarologia é para as imagens o que a numerologia é para os números), pois é o grafismo de cada arcano que lhe dará a resposta. Por isso, é importante observar a iconografia de cada lâmina do Tarô de Marselha com a máxima atenção.

A fim de ilustrar minhas propostas com clareza, tomei o cuidado de escolher os binômios mais recorrentes e, às vezes, os mais herméticos tanto para os iniciantes quanto para os profissionais. Convém conhecê-los a fundo para responder com espontaneidade e precisão à pergunta feita. Portanto, vamos decompor esses binômios um a um, em forma de pequenos exercícios práticos, com o objetivo de explicar o *modus operandi* que os rege. Todos os casos práticos que proponho para análise foram utilizados nos cursos de tarô que conduzi nos dois últimos anos.

CASOS PRÁTICOS

Amor

Pergunta: Quem vou conhecer no futuro?

- Casos práticos que informam sobre a idade e o estado civil da pessoa.

Tiragem nº 44

O IMPERADOR + O EREMITA

O **Imperador** responde à pergunta e nos indica um homem maduro. Seu grafismo é eloquente e suficiente para constatar que não se trata de um jovem.

O **Eremita** traz um precioso complemento de informações, pois evoca a solidão ou o celibato.

Conclusão: o binômio **4 + 9** anuncia o encontro **COM UM HOMEM** (4) **SOLTEIRO** (9).

Observação: se necessário, podemos argumentar que se trata de um homem maduro, pois sabemos que a idade do Imperador costuma variar entre 40 e 60 anos. Em contrapartida, nesse estágio, nada nos permite afirmar que ele goza de uma boa situação socioprofissional, pois esse Imperador pode muito bem estar desempregado. A pergunta se baseava em um perfil, e o tarô nos traça o retrato desse homem, não seu currículo. Se a pergunta se baseasse em sua profissão, então a resposta teria sido diferente.

Tiragem nº 45

A **Papisa** materializa uma mulher experiente ou em idade madura.

O **Arcano sem Nome** traz uma precisão importante, pois materializa uma separação/um divórcio ou uma viuvez.

Conclusão: o binômio **2 + 13** anuncia o encontro **COM UMA MULHER MADURA (2), VIÚVA (13) OU SEPARADA/DIVORCIADA (13)**.

Observação: o Arcano sem Nome representa uma "ruptura" ou um "trauma" no percurso afetivo de uma pessoa e materializa tanto uma simples separação amorosa quanto uma situação de luto.

Tiragem nº 46

O **Mago** responde à nossa pergunta apresentando-nos um jovem.

A **Justiça** oferece uma precisão suplementar, pois simboliza uma oficialização, nesse caso, um compromisso solene.

Conclusão: o binômio **1 + 8** anuncia o encontro **COM UM RAPAZ** (1) **CASADO** (8).

Tiragem nº 47

A **Imperatriz** simboliza uma mulher de meia-idade.
O **Sol** nos informa sobre a presença de crianças.

Conclusão: o binômio **3 + 19** anuncia o encontro **COM UMA MULHER** (3) com **FILHOS** (19) ou com uma mãe de família.

Observação: o arcano 19 é também o arcano emblemático do casal e das "duplas", portanto, também poderíamos ver nele uma mulher comprometida.

- Casos práticos que informam sobre a religião ou a origem étnica da pessoa.

Tiragem nº 48

O Carro + A Papisa

O **Carro** evoca um jovem de 30 anos.
A **Papisa** materializa a religião muçulmana devido a seu véu.

Conclusão: o binômio 7 + 2 anuncia o encontro COM UM RAPAZ DE CERCA DE 30 ANOS (7), DE ORIGEM ÁRABE E MUÇULMANA (2).

Tiragem nº 49

O Sol + XIII

O Sol materializa um indivíduo originário de um país quente ou do Hemisfério Sul, um mediterrâneo, latino ou até mesmo um africano.

Embora o **Arcano sem Nome** simbolize um clima árido, como o deserto subsaariano, sua cor caracteriza os negros ou mestiços.

Conclusão: o binômio **19 + 13** anuncia o encontro **COM UM(A) AFRODESCENDENTE**.

Observação: o arcano 13 especifica, portanto, a cor da pele dessa pessoa e anula toda ambiguidade. Seguindo o mesmo raciocínio, se tivéssemos o binômio **19 + 2**, obteríamos um país quente (19) onde se usa o véu (2), portanto, uma pessoa proveniente do norte da África. É essa associação de ideias e esse gosto pelo detalhe que fará de você um bom tarólogo, um ginasta que aprende essencialmente pela prática regular do Tarô de Marselha.

Tiragem nº 50

O MUNDO + O DIABO

O Mundo indica uma pessoa de outro país ou de outro continente.
O Diabo e seus olhos puxados evocam sobretudo os asiáticos de maneira muito significativa.

Conclusão: o binômio **21 + 15** anuncia o encontro **COM UM(A) ASIÁTICO(A)**, literalmente **UM ESTRANGEIRO (21)** vindo **DA ÁSIA (15)/DO CONTINENTE (21) ASIÁTICO (15)**.

Observação: o arcano do Mundo representa principalmente a Europa se estiver isolado. Por outro lado, materializa outros continentes dependendo do arcano que o segue.

PERGUNTA: O QUE ME RESERVA MEU FUTURO AMOROSO?

• Casos práticos, baseados em acontecimentos precisos.

Tiragem nº 51

O MAGO + O ENAMORADO

O Mago evoca uma novidade, um princípio inovador, uma iniciação, um começo.
O Enamorado indica um encontro afetivo, uma paixão, uma sedução.

Conclusão: o binômio **1 + 6** indica, portanto, **UM NOVO (1) ENCONTRO (6)**.

Observação: o arcano do Enamorado não especifica o gênero nem o sexo, mas se contenta em nos indicar um encontro afetivo e até mesmo uma amizade, dependendo do contexto.

Tiragem nº 52

A **Roda da Fortuna** e seu grafismo oval simbolizam um ciclo, um perpétuo recomeço, e nesse caso nos indica uma renovação, um retorno.

O **Eremita** representa o passado e exprime os(as) ex-namorados(as).

Conclusão: o binômio **10 + 9** indica, portanto, **O RETORNO (10) DE UM(A) EX (9)**.

Tiragem nº 53

O **Carro** evoca a ação de prosseguir, avançar; ele materializa um projeto futuro.

O **Papa** e sua iconografia evocam o lado sagrado e solene de uma união, de um compromisso sério, um casamento.

Conclusão: o binômio **7 + 5** indica, portanto, **UM PROJETO (7) DE CASAMENTO (5)**.

Observação: o Papa exprime tanto o altar quanto o casamento no civil. Por englobar um princípio de valores ecumênicos, o sumo pontífice pode simbolizar um casamento judaico, muçulmano ou cristão (cf. *Tarot de Marseille: les grandes thématiques*,* publicado em novembro de 2015).

Tiragem nº 54

O Sol simboliza um casal unido, que se ama, uma cumplicidade conjugal, sentimentos fortes.

A Justiça anuncia um ato oficial, o carimbo de um órgão administrativo e, no caso, um noivado, um casamento.

Conclusão: o binômio **19 + 8** indica, portanto, **UM PACTO DE UNIÃO (19) CIVIL (8)** ou um casamento. Literalmente, trata-se **DE UM CASAL (19)** que **OFICIALIZA (8)** sua união.

Observação: na realidade, esse binômio evoca tanto um casamento, uma união estável, quanto um noivado, assim como o binômio **5 + 8**,

---

* *Tarô de Marselha: A Jornada do Autoconhecimento – Guia de Leitura para os Grandes Temas da Vida Cotidiana*, publicado pela Editora Pensamento, São Paulo, 2021.

que materializa uma união (5) legal (8). Você também poderá deparar com esse binômio **19 + 8** em um jogo de tarô sem que se trate de seu casamento, mas de um convite para um futuro casamento.

Tiragem nº 55

O **Arcano sem Nome** indica essencialmente ruptura, quebra e mudanças radicais.

O **Enamorado** evoca, como seu nome indica, um idílio, uma relação amorosa.

Conclusão: o binômio **13 + 6** exprime, portanto, **UMA RUPTURA (13) AMOROSA (6)**.

Tiragem nº 56

A **Justiça** evoca principalmente a vida conjugal, um compromisso solene, o fato de estar casado(a).

O **Arcano sem Nome** prevê uma ruptura, anuncia o fim de uma história de amor.

Conclusão: o binômio **8 + 13** exprime **UM DIVÓRCIO**, literalmente **UM CASAMENTO (8) INTERROMPIDO/ANULADO (13)**.

Tiragem nº 57

A **Casa de Deus** evoca uma perturbação, uma situação caótica, uma desordem repentina, um lar a ponto de ser implodido.

O **Papa** representa uma união séria, uma vida em concubinato, um casamento.

Conclusão: o binômio **16 + 5** indica, portanto, uma **CRISE (16) CONJUGAL (5)**.

Tiragem nº 58

A Casa de Deus evoca perturbações, uma inquietação, mudanças repentinas.

A Lua cobre o domicílio familiar, o lar, a casa no sentido de "casulo familiar".

Conclusão: o binômio **16 + 18** anuncia, portanto, uma **MUDANÇA (16) DE DOMICÍLIO (18)**.

Observação: os binômios **11 + 18** e **11 + 16** também indicam uma mudança.

Tiragem nº 59

O **Eremita** evoca essencialmente solidão e celibato.

A **Força** exprime de maneira indiferente uma vontade, um desejo, uma intensidade.

Conclusão: o binômio **9 + 11** indica, portanto, **UMA SOLIDÃO (9)**, da qual o indivíduo **QUER SAIR (11), QUER SER ARRANCADO (11)**.

Observação: os binômios não têm necessariamente o mesmo significado no sentido inverso. Assim, na presença do binômio **11 + 9**, a ênfase recairá mais na vontade, e não na solidão. Ele exprimirá sobretudo uma solidão desejada, consentida, uma necessidade ou uma vontade de ficar sozinho(a).

Tiragem nº 60

O **Julgamento** evoca essencialmente a *web* e a comunicação via internet.

O **Enamorado** indica um ou vários encontros afetivos.

Conclusão: o binômio **20 + 6** exprime principalmente **UM *SITE* (20) DE ENCONTROS (6)**. Portanto, será evocado sobretudo um encontro amoroso por intermédio desse recurso.

TRABALHO

PERGUNTA: QUAL ALAVANCA ACIONAR PARA ENCONTRAR TRABALHO?

- Casos práticos, baseados na procura por emprego.

Tiragem nº 61

O PAPA + O MUNDO

O Papa descreve um homem experiente, muitas vezes um executivo ou consultor, e, ao que tudo indica, simboliza a opinião de um especialista. *A priori*, anuncia o encontro com um homem importante.

O Mundo materializa o quadro de pessoal e a equipe de uma empresa; portanto, seus recursos humanos.

Conclusão: o binômio **5 + 21** indica, portanto, uma intervenção ou o apoio de um **DIRETOR (5) DE RECURSOS HUMANOS (21)**.

Observação: caso se tratasse de um departamento de recursos humanos, teríamos tirado o binômio **2 + 21**. Portanto, é fundamental observar o gênero de um ou outro arcano quando se trata de um personagem do tarô. Em contrapartida, em grau menor, também poderíamos interpretar esse binômio da seguinte forma: um homem maduro (5), proveniente de nossa rede de relações (21), uma vez que o arcano do Mundo também simboliza as pessoas que nos cercam, nosso tecido social.

Tiragem nº 62

O EREMITA + O JULGAMENTO

O Eremita e seu lampião materializam uma busca e, nesse caso, a procura por emprego.

O Julgamento aprimora nossa resposta, pois esse arcano simboliza essencialmente os *sites* na internet, a *web* e, de maneira mais genérica, as tecnologias de ponta.

Conclusão: esse binômio indica uma **BUSCA POR EMPREGO (9) VIA INTERNET (20)**. Ele convida a consultar as ofertas de emprego na *web*. Se você o tirar nesse contexto, é muito provável que será dessa forma que encontrará um trabalho.

Observação: o binômio **2 + 20** é bastante similar, embora não enfatize a busca em si, mas sobretudo a leitura dos anúncios (2) difundidos na *web* (20).

Tiragem nº 63

O Mago e seu alforje aberto sobre a mesa remetem espontaneamente à imagem do estudante diante de sua escrivaninha, com seu estojo ao alcance da mão. Ele segura um bastão como se fosse uma caneta ou um lápis, simbolizando a escrita (e qualquer outra forma de criação).

A Imperatriz exibe qualidades redacionais; evoca especialmente as correspondências e o envio de cartas oficiais e formulários administrativos. O cetro que segura com a mão esquerda remete a uma "pena" e lembra o bastão do nosso Mago, em uma versão mais formal e normativa.

Conclusão: em situação de busca por emprego, esse binômio simboliza a **REDAÇÃO (1) DE UMA CARTA DE MOTIVAÇÃO (3) OU DE UM CURRÍCULO (3)**. Diante desse tipo de tiragem, só poderemos incentivar nosso interlocutor a enviar seu CV ou a se candidatar espontaneamente.

Observação: cuidado para não o confundir com o binômio **1 + 2**, que fala mais da escrita (1) de um livro (2) ou da redação (1) de uma tese (2), algo que, de fato, necessita de um trabalho mais denso.

Pergunta: Como será meu futuro profissional?

- Casos práticos, baseados em atos precisos, ligados ao universo profissional.

Tiragem nº 64

O JULGAMENTO + O CARRO

O Julgamento simboliza a comunicação e as entrevistas (anuais, de emprego etc.).

O Carro representa o arcano emblemático do trabalho e das atividades profissionais.

Conclusão: o binômio **20 + 7** materializa uma **CONVERSA (20) PROFISSIONAL (7)**.

Observação: o Tarô de Marselha é preciso, responde a uma pergunta por vez; nesse caso, anuncia uma entrevista, mas não diz se ela será positiva ou negativa, se se trata de uma entrevista que antecede uma promoção ou uma demissão. Evidentemente, se você está desempregado, esse binômio é um bom presságio, pois anuncia uma entrevista de emprego.

Tiragem nº 65

O **Enamorado** evoca as múltiplas escolhas, as opções, as escolhas de orientação.

O **Carro** materializa o arcano emblemático do trabalho e do campo profissional.

Conclusão: o binômio 6 + 7 simboliza, portanto, **A ESCOLHA (6) DE UM CARGO (7)**.

Tiragem nº 66

O **Louco** materializa uma evolução, uma partida para "outro lugar", para uma nova realidade.

O **Arcano sem Nome** é inequívoco, marca uma parada e sempre anuncia o fim definitivo de um período.

Conclusão: o binômio **22 + 13** evoca **UMA PARTIDA (22) DEFINITIVA (13)** e, nesse caso, **UMA DEMISSÃO.**

Observação: o binômio **13 + 22** fala com mais facilidade de uma demissão, pois enfatiza sobretudo a ruptura; porém, na realidade, os dois binômios são muito semelhantes e anunciam uma partida irrevogável em ambos os casos.

Tiragem nº 67

O **Arcano sem Nome** representa o fim de um período, de um estado, uma mudança radical.

Com sua bengala, **o Eremita** representa a velhice, um homem no fim da vida e, nesse caso, alguém que está há muito tempo em uma empresa, o fim de um percurso profissional, uma aposentadoria.

Conclusão: o binômio **13 + 9** indica, portanto, **UMA PARTIDA (13) PARA A APOSENTADORIA (9).**

Tiragem nº 68

A **Roda da Fortuna** costuma indicar uma reorientação e até mesmo uma nova oportunidade profissional.

O **Carro** simboliza o trabalho, é até seu arcano emblemático.

Conclusão: o binômio **10 + 7** indica uma **RECICLAGEM (10) PROFISSIONAL (7)**.

Observação: dependendo do contexto, também poderia tratar-se de uma nova oportunidade (10) de trabalho (7).

Tiragem nº 69

O Louco exprime principalmente uma partida para outra realidade profissional, uma mudança repentina de cargo e até mesmo uma evolução na carreira.

A Roda da Fortuna materializa, de maneira indiferente, as mobilidades, as novas oportunidades, as reorientações.

Conclusão: o binômio 22 + 10 evoca essencialmente **UMA MUDANÇA DE CARGO (22) NO CONTEXTO DA MOBILIDADE (10)**, em outros termos, **UMA ALTERAÇÃO**.

Tiragem nº 70

O Enamorado representa as múltiplas escolhas, os dilemas e, portanto, as seleções.

A Roda da Fortuna representa as mobilidades, a rotatividade, as oportunidades profissionais.

Conclusão: o binômio 6 + 10 evoca **SELEÇÕES (6) PARA UM NOVO CARGO (10)**.

Tiragem nº 71

A **Papisa** influi nos estágios e na aprendizagem profissional. Também representa os estudos e os percursos acadêmicos.

O **Papa** materializa sobretudo as formações e os cursos específicos.

Conclusão: o binômio **2 + 5** evoca principalmente **UM ESTÁGIO (2) DE FORMAÇÃO (5)**, mas também, dependendo do contexto, **ESTUDOS (2) UNIVERSITÁRIOS (5)**.

Tiragem nº 72

A **Justiça** indica sobretudo contratos e assinaturas.
O **Arcano sem Nome** anuncia um fim, uma ruptura.

Conclusão: o binômio **8 + 13** costuma evocar **UM CONTRATO (8) ROMPIDO/RESCINDIDO (13), UM CANCELAMENTO**.

Tiragem nº 73

A Imperatriz costuma estar ligada à burocracia e aos trabalhos de secretariado. Ela redige as correspondências e preenche os documentos administrativos.

O Julgamento toma as decisões relativas à justiça, julga e determina as questões legais.

Conclusão: o binômio **3 + 20** evoca, portanto, uma **CORRESPONDÊNCIA (3) JURÍDICA (20)**.

Observação: poderíamos ter o binômio **3 + 8** em seu lugar, sabendo que ele evoca uma correspondência tanto jurídica quanto administrativa. Do mesmo modo, os dois binômios indicam a consulta a um jurista ou advogado.

Tiragem nº 74

A **Justiça** materializa as assinaturas, os contratos e os atos oficiais.

O **Sol** simboliza os acordos, um entendimento e as solidariedades ativas.

Conclusão: o binômio **8 + 19** simboliza **UM PROTOCOLO (8) DE ACORDO (19)**. Também materializa um contrato de parceria, uma associação ou uma fusão e aquisição.

Tiragem nº 75

A **Justiça** representa os atos oficiais, as assinaturas e os contratos.
O **Carro** simboliza o trabalho e as atividades profissionais.

Conclusão: o binômio **8 + 7** evoca um **CONTRATO (8) DE TRABALHO (7)**.

Observação: por experiência, é importante saber que o binômio acima indicado sempre evoca um contrato por tempo indeterminado. Um contrato por tempo determinado seria materializado pelo binômio **8 + 6**.

Tiragem nº 76

O **Diabo** materializa as transações, os negócios, as finanças e, sobretudo, a negociação.

A **Justiça** simboliza as assinaturas e os contratos, mas também os salários e a contabilidade.

Conclusão: o binômio **15 + 8** evoca com muita frequência **NEGOCIAÇÕES (15) SALARIAIS (8)**.

Observação: sem dúvida, também pode tratar-se da negociação (15) ou da renegociação de um contrato (8).

Tiragem nº 77

O IMPERADOR + O JULGAMENTO

O **Imperador** simboliza um homem maduro e exibe os brasões do poder. Costuma-se atribuir a ele uma boa base socioprofissional e uma autoridade natural.

O **Julgamento** materializa a lei e os vereditos.

Conclusão: o binômio **4 + 20** representa a consulta a **UM HOMEM (4) DA LEI (20)** e, portanto, a **UM JURISTA**.

DINHEIRO

PERGUNTA: COMO VÃO EVOLUIR AS MINHAS FINANÇAS?

- Casos práticos que informam sobre uma situação precisa.

Tiragem nº 78

XIII + A RODA DA FORTUNA

O **Arcano sem Nome** exprime os períodos de dificuldades financeiras, as dívidas e os ágios.

A **Roda da Fortuna** evoca essencialmente entradas de dinheiro, loteria e, sobretudo, créditos ao consumo.

Conclusão: o binômio **13 + 10** materializa **AS DÍVIDAS (13) DE JOGOS (10)** ou **DE CRÉDITOS** e, portanto, **AS OBRIGAÇÕES DE DÍVIDAS**.

Tiragem nº 79

O **Arcano sem Nome** simboliza as dificuldades materiais, as dívidas, os pagamentos em atraso, as multas e as sanções de todo tipo.

O **Diabo** representa o universo das finanças, os regimes de imposição e especialmente a tributação das empresas.

Conclusão: no âmbito das finanças, o binômio **13 + 15** anuncia problemas fiscais e, nesse caso, **DE UMA RETIFICAÇÃO (13) FISCAL (15)**.

Tiragem nº 80

A **Justiça** simboliza as administrações e as instituições estatais.

O **Diabo** exprime as finanças, a negociação, os impostos e o tesouro público.

Conclusão: o binômio **8 + 15** representa **A ADMINISTRAÇÃO (8) FISCAL (15)**. Essa ocorrência em uma tiragem de tarô sobre o dinheiro costuma prefigurar um encontro com a Receita Federal.

Tiragem nº 81

A **Roda da Fortuna** simboliza as entradas de dinheiro, os ganhos em geral, os prêmios etc.

A Justiça evoca principalmente os rendimentos, os salários, a gestão contábil.

Conclusão: o binômio **10 + 8** exprime **UM AUMENTO (10) DE SALÁRIO (8)**.

Tiragem nº 82

A Justiça materializa os rendimentos e os benefícios pagos pelo Estado.

O Sol representa a família, a juventude e as solidariedades ativas.

Conclusão: o binômio **8 + 19** evoca **OS BENEFÍCIOS (8) FAMILIARES (19)**.

Tiragem nº 83

A **Justiça** materializa os salários, as remunerações, as indenizações, os benefícios.

O **Arcano sem Nome** indica ruptura, dificuldades materiais e financeiras, período de desemprego.

Conclusão: dependendo do contexto, o binômio **8 + 13** evocará **AVISO PRÉVIO (8, 13)** ou **SEGURO-DESEMPREGO (8, 5)**.

SAÚDE

PERGUNTA: COMO SERÁ A EVOLUÇÃO DA MINHA SAÚDE?

- Casos práticos, baseados na saúde física.

Tiragem nº 84

A **Casa de Deus** simboliza os politraumatismos e as urgências médicas no Tarô de Marselha.

O **Pendurado** permanece o arcano emblemático da saúde. Ele evoca a saúde no sentido amplo do termo.

Conclusão: o binômio **16 + 12** exprime, portanto, as **EMERGÊNCIAS (16) MÉDICAS (12)**. Vemos aqui uma internação no pronto-socorro e, por extensão, o binômio 16 + 12 evoca um hospital, a casa (16) de saúde (12).

Tiragem nº 85

O **Mago**, sua mesa e seus instrumentos remetem a uma mesa de operação e a uma pessoa levada a manipular os instrumentos.

O **Arcano sem Nome** materializa o esqueleto e os ossos, mas, antes de tudo, as intervenções cirúrgicas, uma vez que a foice em sua mão remete ao bisturi do cirurgião.

Conclusão: o binômio **1 + 13** materializa um **CENTRO (1) CIRÚRGICO (13)** e, portanto, uma intervenção cirúrgica. Nesse caso, nada permite definir se se trata de uma cirurgia complexa ou de uma intervenção mais simples.

Tiragem nº 86

O **Eremita** exprime o envelhecimento, mas, sobretudo, um conceito de "diminuição", de carências, de deficiências, de falta.

A **Lua** marca uma opacidade, um véu, uma indefinição e o fato de não se ver corretamente.

Conclusão: o binômio **9 + 18** indica uma **DIMINUIÇÃO (9) DA ACUIDADE VISUAL (18)** e até mesmo uma cegueira.

Tiragem nº 87

O **Eremita** materializa uma deficiência, uma diminuição e até mesmo uma carência.

O **Julgamento** e a trombeta representam a mensagem do além que precisamos ouvir. Ele evoca tanto a voz, um nível sonoro, a acústica, quanto a audição, o ouvido e a capacidade de ouvir o que nos é dito.

Conclusão: o binômio **9 + 20** indica, portanto, principalmente uma **DIMINUIÇÃO (9) DA AUDIÇÃO (20)** e até surdez.

Observação: esse binômio também exprime perda (9) de voz (20).

Tiragem nº 88

A Estrela materializa os tratamentos, as terapias, a cicatrização, o alívio, a remissão.

O Mundo simboliza a plenitude, o sucesso e, nesse caso, um benefício terapêutico, uma saúde promissora.

Conclusão: o binômio **17 + 21** indica **TRATAMENTOS (17) BENÉFICOS (21), UMA RECUPERAÇÃO (17) TOTAL (21)** e local.

PERGUNTA: POR QUE TENHO TANTA DOR ABDOMINAL?

- Casos práticos, baseados em um órgão ou em um local bem preciso. Vale notar que o grupo que faz essa pergunta é composto apenas de mulheres.

Tiragem nº 89

O **Arcano sem Nome** representa as agressões de todo tipo, uma forma de toxicidade e as queimaduras (os corpos queimados, espalhados no chão, materializam um braseiro, um incêndio e, por tabela, as queimações, a azia etc.).

O **Sol**, que tradicionalmente é associado ao aparelho cardiovascular, simboliza tanto o plexo solar quanto o estômago, uma vez que, nesse caso, a questão se refere à origem das dores abdominais.

Conclusão: o binômio **13 + 19** evoca principalmente as **QUEIMAÇÕES (13) ESTOMACAIS (19)** e até mesmo as úlceras.

Observação: se a pergunta tivesse se referido a uma dor sem especificar o abdômen, teria sido prudente considerar alguns riscos (13) cardiovasculares (19).

Tiragem nº 90

O **Arcano sem Nome** representa os "ataques", as agressões microbianas ou bacteriológicas, um conceito de toxicidade que às vezes indica a presença de um foco infeccioso e até de células cancerosas.

O Diabo evoca, sobretudo, os órgãos genitais e os distúrbios hormonais. Indica, também, pólipos e nódulos, dependendo do contexto.

Conclusão: o binômio **13 + 15** exprime essencialmente uma **INFECÇÃO (13) UROGENITAL/SEXUAL (15)** e até intrauterina. Pode tratar-se de herpes vaginal, de candidíase, de fibroma e até mesmo de endometriose, dependendo da gravidade.

Tiragem nº 91

O ENAMORADO + O PENDURADO

O Enamorado evoca o fígado.
O Pendurado indica intoxicação, doença, contaminação, bloqueio.

Conclusão: o binômio **6 + 12** materializa um **FÍGADO (6) DOENTE (12)** ou saturado. Nesse caso, convém explorar a pista hepática.

Observação: como o Enamorado é a lâmina emblemática do sangue, poderíamos suspeitar de sangue (6) contaminado (12), de uma intoxicação pelo sangue. Porém, mais uma vez, a questão remete a um órgão bem preciso.

Tiragem nº 92

A Justiça, arcano da matemática, exprime os cálculos.

A Temperança evoca principalmente a vesícula, a bexiga e, às vezes, os rins.

Conclusão: o binômio **8 + 14** simboliza sobretudo os **CÁLCULOS (8) BILIARES/RENAIS (14)**, dependendo do caso.

Tiragem nº 93

O Julgamento evoca as tecnologias de ponta e os sistemas que utilizam ultrassom.

A Lua materializa sobretudo o abdômen no sentido amplo do termo e todos os órgãos a ele ligados.

Conclusão: o binômio **20 + 18** indica a necessidade de fazer uma **ULTRASSONOGRAFIA (20) ABDOMINAL (18).**

Observação 1: esse binômio não indica o órgão deficiente, e sim a maneira de detectar a origem dessas dores abdominais por meio de exames suplementares.

Observação 2: o binômio 20 + 18 também costuma evocar vômitos, o que pode fornecer evidências. De fato, o Julgamento simboliza o sopro, a parte bucal, enquanto a Lua (além do fato de caracterizar o abdômen) denota náusea.

PERGUNTA: QUAL É A ORIGEM DAS MINHAS ANGÚSTIAS?

Tiragem nº 94

O **Arcano sem Nome** evoca de imediato os traumas, especialmente o luto e as "rupturas", bem como os períodos de tristeza e os pesadelos.

O **Eremita** simboliza a memória e, portanto, o passado.

Conclusão: o binômio **13 + 9** evoca claramente um **TRAUMA (13) PASSADO (9).**

Observação: a natureza do trauma não é explicitada, mas se sabe muito bem que as angústias do interlocutor estão ligadas diretamente ao passado.

Tiragem nº 95

O **Papa**, que representa São Pedro, simboliza de fato uma figura paterna, enquanto a Papisa, seu homólogo feminino, representa a mãe.

O **Arcano sem Nome** evoca uma morte, um desaparecimento, uma ausência.

Conclusão: o binômio **5 + 13** materializa um **PAI (5) AUSENTE (13)** ou até **FALECIDO**.

Tiragem nº 96

O Mago e sua mesa evocam mercantilismo, comércio e consumo; ele exprime a venda de gêneros alimentícios e produtos.

O Diabo exprime um vício, uma dependência química. Pode tratar-se de substâncias ilícitas e tóxicas, como as drogas, mas também da ingestão de psicotrópicos ou antidepressivos.

Conclusão: o binômio **1 + 15** costuma simbolizar o **CONSUMO (1) DE ÁLCOOL (15)** ou de **DROGAS (15)**, como algo que origina as angústias do interlocutor.

Observação: esse mesmo binômio também simboliza a ingestão de psicotrópicos ou antidepressivos, dependendo do caso.

Tiragem nº 97

A **Papisa** é representada por uma mulher madura, e seu livro simboliza seu grande conhecimento a respeito dos seres humanos.

A **Lua** simboliza as profundezas do inconsciente; ela materializa especialmente nossas angústias e nossos medos inconfessados.

Conclusão: o binômio **2 + 18** sugere aqui a consulta a uma **PSICÓLOGA**, uma **ESPECIALISTA (2) NO INCONSCIENTE (18)**.

Observação: esse binômio não revela a origem nem a natureza de nossas angústias, mas nos indica a conduta a ser adotada; nesse caso, seguir uma psicoterapia para analisar (2) essas angústias (18).

Diversos

Pergunta: Vou mudar de casa este ano?

Tiragem nº 98

O **Eremita** e seu lampião indicam uma busca, a ação de "vasculhar", procurar, investigar.

A **Casa de Deus** materializa todos os imóveis residenciais; portanto, evoca as moradias e, sobretudo, os apartamentos.

Conclusão: o binômio 9 + 16 evoca claramente uma **BUSCA (9) ATIVA POR MORADIA (16)**.

Observação 1: esse binômio indica a ação empreendida, mas não dá o resultado efetivo; portanto, nesse estágio, não temos elementos comprobatórios suficientes para responder com uma afirmação.

Observação 2: poderíamos ter utilizado a tiragem "*à la carte*" para responder a essa pergunta, que supõe um sim ou um não como resposta.

Tiragem nº 99

A Casa de Deus evoca tanto imóveis residenciais como perturbações repentinas, uma mudança estrutural.

A Lua é uma das duas lâminas emblemáticas do *habitat*; ela materializa sobretudo o lar, o casulo familiar e especialmente as casas individuais.

Conclusão: o binômio **16 + 18** indica uma **TROCA (16) DE LAR (18)** e, portanto, uma **MUDANÇA**.

Tiragem nº 100

A Justiça exprime os atos oficiais e, sobretudo, as assinaturas de contrato.

O **Sol** indica acordos, promessas, locações, aluguéis compartilhados, arrendamentos etc.

Conclusão: o binômio **8 + 19** indica um **CONTRATO (8) DE ALUGUEL (19)** ou a **ASSINATURA (8) DE UM ARRENDAMENTO (19)**.

Observação: uma vez que tal binômio enfatiza a assinatura desse tipo de contrato, é natural supor que a mudança ocorra logo em seguida.

PERGUNTA: QUE TIPO DE MORADIA VOU ADQUIRIR?

Tiragem nº 101

A **Lua** é um arcano emblemático dos imóveis, representa um conceito genérico de instalações profissionais e área habitável. Essa lâmina simboliza principalmente o lar, o casulo familiar e, por conseguinte, as casas.

O **Arcano sem Nome** simboliza essencialmente a terra e o solo, tudo o que é construído no subsolo ou no térreo. O esqueleto e sua foice também remetem ao mundo agrícola.

Conclusão: o binômio **18 + 13** descreve **UMA PEQUENA PROPRIEDADE RURAL**, literalmente uma **CASA (18) NO CAMPO (13)**.

Observação: esse binômio também exprime uma instalação (18) rural (13), mas, como se trata de adquirir uma moradia, duvido muito que se trate desse tipo de local.

Tiragem nº 102

A Casa de Deus + XIII

A **Casa de Deus** evoca apartamentos de todos os estilos, desde a quitinete até o de quatro dormitórios. A iconografia dessa torre costuma descrever um imóvel residencial de vários andares.

O **Arcano sem Nome** representa o solo e a terra, nesse caso, uma construção térrea ou no subsolo.

Conclusão: o binômio **16 + 13** exprime essencialmente uma **MORADIA (16) TÉRREA (13)**.

Observação: esse mesmo binômio também simboliza uma ruína, como um castelo em ruínas. Se o interlocutor for especialista no assunto, isso pode revelar-se totalmente plausível.

Tiragem nº 103

A CASA DE DEUS (XVI) + **O SOL (XVIIII)**

A **Casa de Deus** representa principalmente os típicos edifícios parisienses.

O **Sol** materializa a família, as solidariedades ativas, os benefícios e outros auxílios sociais.

Conclusão: o binômio **16 + 19** descreve uma **MORADIA (16) SOCIAL (19)** em conjunto habitacional.

PERGUNTA: VOU GANHAR MEU PROCESSO?

Tiragem nº 104

O JULGAMENTO (XX) + **A ESTRELA (XVII)**

O Julgamento, esse arcano tão bem nomeado, simboliza um veredito, o anúncio de uma decisão judicial. Sempre que aparece relacionado à justiça, anuncia um processo em curso.

A Estrela encarna um conceito de serenidade e bem-estar, mas também as esperanças que nutrimos.

Conclusão: o binômio **20 + 17** anuncia um **VEREDITO (20) FELIZ (17)**, um **PROCESSO (20) GANHO (17)**. Trata-se de um veredito em conformidade com as aspirações do consulente e que lhe permite reencontrar a serenidade.

Tiragem nº 105

O Julgamento indica, portanto, atas de audiências, deliberações e, sobretudo, um veredito pronunciado por um juiz.

O Arcano sem Nome encarna com muita frequência uma opinião desfavorável, um indeferimento, uma decisão radical e, nesse caso, o fato de ter uma solicitação indeferida ou de ser condenado, se acusado diretamente.

Conclusão: o binômio **20 + 13** exprime um **VEREDITO (20) DESFAVORÁVEL (13)** e, portanto, um **PROCESSO (20) PERDIDO (13)**. No melhor dos casos, tem-se um pedido indeferido, e, no pior, recebe-se uma condenação.

Tiragem nº 106

A **Justiça** evoca principalmente as assinaturas, os contratos, os decretos, os atos oficiais e os processos.

O Sol simboliza uma mão estendida e, nesse caso, os acordos, os arranjos, a vontade de fazer as pazes.

Conclusão: o binômio **8 + 19** representa a assinatura de um **PROTOCOLO (8) DE ACORDO (19)**.

Tiragem nº 107

A **Justiça** evoca as assinaturas, os contratos, os decretos e todos os atos oficiais.

A **Roda da Fortuna** representa um ganho, uma quantia, subvenções, indenizações por perdas e danos, indenizações compensatórias etc.

Conclusão: o binômio **8 + 10** denota um **PROCESSO (8)** do qual derivam **INDENIZAÇÕES POR PERDAS E DANOS (10)**.

Observação: esse binômio indica mais o resultado em termos de dinheiro vivo do que o processo em si.

Pergunta: Qual será a orientação escolar seguida por meu filho?

Enquanto a creche, a pré-escola, o ensino fundamental e o médio são materializados pelo binômio **18 + 19** (um local público para as crianças), sem distinção de idade, não se pode dizer o mesmo para as áreas técnicas nem para os estudos de nível superior.

Se considerarmos que o arcano 18 representa um estabelecimento, um lugar público, conseguiremos identificar as diferentes instituições de ensino possíveis para o período posterior ao ensino médio. Segundo esse princípio, proponho uma seleção de casos práticos, ligados à orientação escolar de um ou outro aluno.

Tiragem nº 108

A LUA + O MUNDO

A Lua representa essencialmente os espaços e os lugares públicos como as escolas e os *campi* universitários.

O Mundo evoca universalidade, multiculturalismo e línguas estrangeiras.

Conclusão: o binômio **18 + 21** simboliza **UMA FACULDADE (18) DE LETRAS (21)**.

Observação: esse mesmo binômio evoca a universidade no sentido amplo do termo. Como a palavra "universidade" tem a mesma raiz de "universal", ela costuma exprimir a ideia de acolher todo mundo, sem distinção. Desse modo, nela vemos um lugar público (18) para todo mundo (21). Portanto, esse binômio descreve especificamente uma faculdade de Letras, mas também a universidade em sentido amplo, ainda que a matéria estudada não esteja relacionada às línguas estrangeiras.

Tiragem nº 109

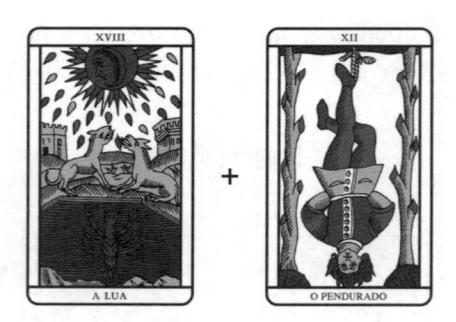

A Lua representa os espaços e os lugares públicos, tais como escolas e *campi* universitários.

O Pendurado permanece a lâmina emblemática da saúde e dos médicos.

Conclusão: o binômio **18 + 12** materializa **UMA FACULDADE (18) DE MEDICINA (12)**.

Tiragem nº 110

A Lua + A Justiça

A Lua representa os espaços e os lugares públicos dos quais fazem parte as escolas, as faculdades, os ambientes universitários, os *campi*.

A Justiça evoca aqui a matéria ensinada, que, nesse caso, é o Direito.

Conclusão: o binômio **18 + 8** materializa **UMA FACULDADE (18) DE DIREITO (8)**, literalmente um lugar (18) onde se ensina o direito (8).

Tiragem nº 111

A Lua + A Morte

A Lua representa especialmente as escolas e as universidades.

O Arcano sem Nome evoca sobretudo tecnologia, áreas técnicas e profissões manuais.

Conclusão: o binômio **18 + 13** evoca uma **ESCOLA (18) TÉCNICA (13)**.

Tiragem nº 112

O Mago materializa o aprendizado, a orientação escolar ou acadêmica e os estágios práticos.

A Papisa simboliza os estudos acadêmicos, as formações escolares e a parte mais "teórica" do ensino.

Conclusão: o binômio **1 + 2** evoca um **ESTÁGIO (1) ALTERNADO COM OS ESTUDOS (2)**, um aprendizado ao mesmo tempo **TÉCNICO (1)** e **TEÓRICO (2)**.

Tiragem nº 113

A **Papisa** evoca os estudos em geral, a escolaridade e a necessidade de adquirir novos conhecimentos.

O **Papa** representa as formações, as especializações de toda ordem (mestrados etc.) e, sobretudo, os cursos universitários.

Conclusão: o binômio 2 + 5 materializa os **ESTUDOS (2) UNIVERSITÁRIOS (5)**.

As profissões

Quem tiver meu *Guide d'interpretation des 462 binômes* (Guia de interpretação dos 462 binômios), publicado em 2010, poderá constatar a presença de uma seção intitulada "Alusão às seguintes profissões". Cada profissão listada corresponde a um(a) cliente que me consultou durante a produção desse guia. Os binômios são interpretados do mesmo modo que os casos práticos que acabamos de estudar: convém observar a iconografia das duas lâminas presentes, prestando atenção para definir a profissão que elas englobam. Como mencionamos anteriormente o arcano 18, sugiro continuar este capítulo com o estudo desse arcano "misterioso", pois os iniciantes sofrem para aprender as atividades a ele ligadas.

Segue, então, uma amostra de três binômios relativos a um tipo de atividade bem específica. Proponho ao leitor este pequeno exercício prático, que consiste em descobrir a profissão mais comumente associada aos binômios a seguir:

- binômio 11 + 18;
- binômio 9 + 18;
- binômio 1 + 18.

Vale lembrar que a raiz da palavra "vidência" repousa no verbo "ver" e que, para ver, basta observar. Portanto, observe com cuidado o grafismo de cada arcano que compõe os binômios acima (o que salta aos olhos?), depois deixe seu espírito passear por um instante. Por fim, ouça o que sua intuição lhe murmura.

Lembre-se também de uma regra básica, que expliquei no preâmbulo deste capítulo: o primeiro arcano representa a ênfase, a coisa essencial, e responde diretamente à pergunta, enquanto o segundo qualifica seu antecessor, ou seja, traz detalhes suplementares que ornamentam a resposta.

Tiragem nº 114

A **Força** simboliza um domador, um adestrador, o comando, o domínio, a reeducação no sentido de "corrigir" ou "endireitar" o que não está correto.

A **Lua** representa o arcano emblemático dos canídeos, tanto dos cães quanto dos lobos.

Conclusão: o binômio **11 + 18** materializa **UM EDUCADOR (11) CANINO (18), UM ADESTRADOR (11) DE CÃES** e até **UM ESTUDIOSO DO COMPORTAMENTO (11) ANIMAL (18)**.

Observação: os dois arcanos têm uma estreita ligação com os animais, que logo "salta aos olhos". A ênfase é sempre colocada no primeiro arcano, nesse caso, na Força e especialmente no fato de "adestrar" ou "dominar" o animal. Portanto, estamos em um posto de comando ou de autoridade. O binômio 22 + 11 também ilustra animais, porém evoca mais um cão agressivo (22) que temos de adestrar (11), uma vez que a ênfase recai sobre o comportamento desviante do animal, que "morde" o passeador na imagem.

Tiragem nº 115

Munido de seu lampião e de seu bastão, **o Eremita** simboliza um investigador, um pesquisador, um explorador, alguém em busca de alguma coisa, o fato de "sondar".

A Lua encarna os meandros e as profundezas do inconsciente, o que está "oculto", escondido no âmago do nosso ser.

Conclusão: o binômio **9 + 18** evoca quase sistematicamente um **PSI-CÓLOGO**, alguém que examina nosso inconsciente.

Observação 1: os binômios 2 + 18/5 + 18 exprimem o mesmo conceito, exceto pelo fato de a ênfase recair sobre o profissional, homem (5) ou mulher (2), dependendo do caso.

Observação 2: o binômio 9 + 18 também evoca a busca (9) por uma casa (18), mas não indica, em nenhum caso, um especialista em imóveis.

Tiragem nº 116

O MAGO + A LUA

O Mago e sua banca representam o mercantilismo, o comércio, a venda direta, um negócio.

A Lua simboliza o lar, o *habitat* e os imóveis em geral.

Conclusão: o binômio 1 + 18 indica um **CORRETOR (1) DE IMÓVEIS (18)**, um vendedor (1) de bens imobiliários (18).

Observação 1: o binômio 1 + 16 exprime a mesma ideia. Vale notar que o Mago pressagia um corretor jovem.

Observação 2: o binômio também evoca um peixeiro, um vendedor (1) de peixes (18). O arcano 18 é emblemático dos mares e oceanos, o crustáceo aparece na imagem para nos lembrar isso. Contudo, a questão se baseava na profissão mais comum, associada a um ou outro binômio. Sem dúvida, segundo seu interlocutor e sua intuição, você saberá instintivamente se se trata de um peixeiro ou de um corretor.

Capítulo 4

A TIRAGEM EM LINHA

Obedecendo às mesmas regras básicas que a tiragem dos binômios, as tiragens em linha são lidas como uma história em quadrinhos, da esquerda para a direita. Representam uma sucessão de imagens ou panoramas que se entrechocam, a fim de exprimir a trama de uma história.

Desse modo, as tiragens "em linha", também chamadas de "sequências", apresentam uma evolução cronológica linear. Com exceção do primeiro arcano tirado, que materializa a situação presente, os arcanos que se sucedem a cada vez trazem acontecimentos futuros, criando uma história mais ou menos longa, dependendo do seu número. Assim, uma tiragem composta por cinco arcanos se apresentará sob a forma de uma sequência linear: **A B C D E**.

Para esse tipo de prestação, assegure-se de ter lido corretamente o enunciado inicial antes de proceder à leitura da tiragem proposta. O que nos diz a pergunta? Quais são as palavras-chave relacionadas à temática estudada?

Antes de se lançar na interpretação *in loco*, é fundamental identificar os arcanos emblemáticos, ligados ao tema abordado. Conforme relato em uma obra anterior, intitulada *Tarot de Marseille: les grandes thématiques*, publicada em novembro de 2015, cada arcano maior é emblemático de uma ou várias áreas de predileção. A lista abaixo retoma os temas mais significativos, relacionados a cada lâmina do Tarô de Marselha, a saber:

OS ARCANOS EMBLEMÁTICOS

O Mago: arcano emblemático da juventude, do aprendizado e do recomeço na vida.

A Papisa: arcano emblemático dos estudos, dos segredos e da escrita.

A Imperatriz: arcano emblemático das correspondências e das relações públicas.

O Imperador: arcano emblemático da autoridade, dos bens materiais e da paternidade.

O Papa: arcano emblemático das formações, dos cursos, das conferências.

O Enamorado: arcano emblemático dos atores, das escolhas, dos encontros amorosos, dos amigos, das amigas e dos colegas de trabalho.

O Carro: arcano emblemático das atividades e dos deslocamentos terrestres.

A Justiça: arcano emblemático dos órgãos administrativos, dos contratos e das instituições.

O Eremita: arcano emblemático do passado, da lentidão e da pesquisa.

A Roda da Fortuna: arcano emblemático das oportunidades, da mobilidade e dos imprevistos da vida.

A Força: arcano emblemático dos independentes, das responsabilidades e da motivação.

O Pendurado: arcano emblemático dos bloqueios, da saúde, da ecologia e da espiritualidade.

O Arcano sem Nome: arcano emblemático da guerra, do desemprego e dos traumas (luto, separação).

A Temperança: arcano emblemático dos contatos telefônicos, das viagens aéreas e do descanso.

O Diabo: arcano emblemático da política, dos negócios, das finanças e da negociação.

A Casa de Deus: arcano emblemático das reestruturações, das obras, das reviravoltas e dos fracassos.

A Estrela: arcano emblemático do futuro, dos artistas e da cultura.

A Lua: arcano emblemático da psicologia, dos imóveis e dos espaços públicos (hospitais, lojas, centros comerciais etc.).

O Sol: arcano emblemático da ajuda mútua, da família e da gravidez.

O Julgamento: arcano emblemático dos tribunais e da comunicação (*web*, televisão etc.).

O Mundo: arcano emblemático da clientela, dos recursos humanos, da globalização e dos estrangeiros.

O Louco: arcano emblemático da evolução, dos viajantes e dos migrantes.

Depois de circunscrever a temática e definir o(s) arcano(s) emblemático(s) associado(s), convém observar com mais atenção as duas lâminas de tarô que formam a extremidade da sequência, pois elas dão a tonalidade geral da tiragem. O primeiro arcano descreve o consulente, seu estado de espírito e sua situação no dia da tiragem, enquanto o último arcano, que fecha a sequência, traz a resposta definitiva para essa tiragem. Observe com calma também o "código das cores" da sua tiragem: ela é triste, luminosa, suavizada? São pequenos detalhes que, às vezes, permitem formar uma opinião bastante precisa da história que narraremos a nosso interlocutor. Por fim, é importante examinar os personagens presentes. São do sexo masculino ou feminino? Estão frente a frente (cumplicidade, diálogo) ou de costas um para o outro (desconfiança, ruptura de comunicação)?

Neste capítulo, consagrado às tiragens em linha, articulei minhas análises levando em conta cinco etapas, a saber:

Arcano emblemático e palavras-chave: quais são as palavras-chave veiculadas na pergunta? Estão ligadas a um arcano do tarô em particular? Podem ser encontradas na sequência linear? Essa "minisseção" corresponderia ao que os anglo-saxões chamam de *brainstorming*, uma discussão sobre os arcanos, na qual você expõe suas ideias e percepções.

Leitura espontânea: essa seção traz um primeiro esclarecimento sobre a tiragem; ilumina o que salta aos olhos à primeira vista. Trata-se de uma leitura intuitiva, oriunda da iconografia dos arcanos e da ordem na qual eles aparecem. Se não der a resposta, pelo menos fornecerá a tonalidade global da tiragem.

Análises contextuais dos arcanos: nessa seção, trata-se de compreender sucessivamente em seu contexto cada lâmina do tarô que forma a tiragem em linha. Acima de tudo, é preciso reapropriar-se do sentido exato dos arcanos segundo a área explorada.

Interpretação circunstanciada: essa interpretação *in loco* propõe uma análise mais avançada, que sintetiza os pontos anteriormente abordados e une os arcanos entre si, permitindo que se compreenda a trama da história em sua totalidade e se responda com o máximo de precisão à pergunta feita.

Retorno do(a) interessado(a): esse último parágrafo permite observar a pertinência ou não de seu "raciocínio". Ele se revelou fiel à realidade do contexto ou existe um real descompasso entre suas análises e o resultado efetivo? Em um primeiro momento, você pode treinar com amigos, pedindo que eles retornem. Em minha opinião, isso é essencial na vidência. Não se deve hesitar em reconsiderar a situação, pois sempre há uma margem de erro.

Nos casos práticos que proponho abaixo, optei por selecionar apenas as tiragens em linha que são compostas por um mínimo de cinco arcanos maiores e, portanto, que apresentam um real interesse para os iniciantes.

CASOS PRÁTICOS

Pergunta: Vou ter de operar o joelho direito?

Tiragem nº 117

ARCANOS EMBLEMÁTICOS E PALAVRAS-CHAVE

Palavras-chave: operação/joelho.

Arcanos emblemáticos: o Arcano sem Nome simboliza as operações, enquanto, do ponto de vista puramente médico, os joelhos são representados pelo Diabo e pela Roda da Fortuna, ambos presentes nessa sequência linear.

Observação 1: o fato de esmiuçar a pergunta inicial e visualizar todos esses indícios previamente facilitará a leitura dessa tiragem em linha. Com todos esses elementos à disposição, já se pode adivinhar a iminência de uma intervenção cirúrgica, mas ainda é preciso interpretar com exatidão.

Observação 2: como não somos profissionais da saúde, convém agir com prudência nessa área tão importante e ater-se estritamente aos fatos, sem "inventar histórias", pois isso causaria ansiedade e estaria desconectado da realidade da situação. Em caso de dúvida ou se não se sentir capaz, abstenha-se de comentar qualquer tiragem sobre saúde. Desse modo, pelo menos você será honesto consigo mesmo e com o consulente. O vidente não é médico. Certamente ele fornece pistas, uma orientação e até mesmo um diagnóstico proveniente de sua análise, mas em nenhum caso atua como aprendiz de médico. Para um exame aprofundado de uma ou outra patologia, você deve orientar sistematicamente a clientela a consultar um profissional da área.

LEITURA ESPONTÂNEA

Em um piscar de olhos, percebo que a tiragem não é muito alegre, chega a ser "sombria". O primeiro arcano, o Diabo, exprime a dor do consulente (esboça uma careta, como se estivesse irritado com esse sofrimento), usa meias de compressão, e os joelhos são bem representados nesse arcano;

parecem estar "abertos" no nível da rótula. O último arcano "funesto" é emblemático do esqueleto e dos ossos, mas, sobretudo, das intervenções cirúrgicas, de modo que praticamente não deixa opções. *A priori*, uma operação ortopédica se delineia no horizonte.

Logo se nota também que as pernas são bem representadas na iconografia dos arcanos presentes: as do diabo, envolvidas por meias de compressão; a perna direita do Louco é atacada por um animal; por fim, as do Arcano sem Nome nos propõem uma versão radiográfica.

ANÁLISE CONTEXTUAL DOS ARCANOS

O Diabo: costuma representar problemas nos quadris e de genuflexão, mas, antes de tudo, exprime a dor no Tarô de Marselha.

O Louco: além de representar com frequência a neurologia e um estado psicológico afetado, de um ponto de vista físico, o Louco evoca sobretudo as pernas e o ato de "caminhar". Nesse caso, pode-se supor que manque e caminhe arrastando a perna, com o auxílio do seu bastão. Exprime a ideia central de "se deslocar", "ir até a casa de alguém". Sua perna direita parece ferida, o que é materializado na imagem pelo animal que rasga sua calça. O Louco simboliza os problemas de motricidade e, sobretudo, os cirurgiões ortopedistas quando se encontra posicionado em contato com o Papa e a Roda da Fortuna, o que é o caso em nosso exemplo.

O Papa: encarna os especialistas em todas as áreas e o dever de aconselhar seus clientes.

A Roda da Fortuna: seu mecanismo elaborado faz dela o arcano emblemático dos corpos estranhos (como as próteses de todo tipo). Essa lâmina remete imediatamente aos exames de ressonância magnética e de tomografia computadorizada; a roda gira em torno de um eixo central, assim como a ressonância magnética, que gravita em torno da parte a ser fotografada. Por fim, esse arcano evoca as articulações, sobretudo as rótulas.

O Arcano sem Nome: é encontrado nos problemas ósseos, tais como as dores no nível do túnel do carpo, o desgaste dos discos e das cervicais; materializa os osteopatas, sem contar que essa lâmina do tarô exprime inicialmente as cirurgias.

INTERPRETAÇÃO CIRCUNSTANCIADA

Ao percorrer essa tiragem de maneira linear, vemos claramente que o consulente sofre muito com seu joelho direito. Exprime sua dor na imagem (15) e é obrigado a dirigir-se mancando (22) até um especialista (5), a fim de receber conselhos (5). Este lhe prescreve uma ressonância magnética (10) e levanta a possibilidade da colocação de uma prótese (10). Ao final desse périplo médico, uma operação ortopédica (13) é recomendada. Trata-se da rótula (a forma oval, característica dessa Roda da Fortuna, remete a essa parte do joelho), de um problema ósseo (13) no nível da rótula.

RETORNO DO INTERESSADO

Meu consulente teve de se conformar com uma cirurgia após ter se consultado com um ortopedista. Fez uma ressonância magnética, que indicou a presença de uma exostose, uma excrescência óssea que se instalara no nível do joelho direito. Isso o impedia de caminhar corretamente e lhe causava dores. Em contrapartida, nesse caso prático, a prótese não era necessária.

Pergunta: Meu marido tem uma amante?

Tiragem nº 118

ARCANOS EMBLEMÁTICOS E PALAVRAS-CHAVE

Palavras-chave: marido/amante.

Arcanos emblemáticos: o arcano emblemático do marido (5) não aparece nessa sequência linear. A Papisa costuma estar implicada em casos de adultério ou logro e representa tudo o que é silenciado ou ocultado. Poderia materializar essa suposta "amante".

Observação: há duas figuras femininas nessa tiragem em linha, a Papisa e a Imperatriz. Cuidado para não confundir a amante e a consulente, que no caso é uma mulher madura.

LEITURA ESPONTÂNEA

Essa tiragem me parece mais suave no nível cromático, uma vez que as cores não são cintilantes nem frias. De imediato, notam-se dois arcanos de comunicação e diálogo, que são o Julgamento e a Temperança, *a priori* nada de muito ruim. Também se veem dois personagens femininos, respectivamente a Papisa e a Imperatriz. Haveria, portanto, uma rival? As suspeitas da consulente teriam fundamento? Vamos tentar ver com mais clareza.

ANÁLISE CONTEXTUAL DOS ARCANOS

A Papisa: representa uma mulher madura, no caso, a consulente que se encontra sentada à minha frente. É também a carta das mensagens escritas, das cartas manuscritas. Esse arcano evoca sobretudo os segredos, as coisas "escondidas", as suspeitas, as revelações, as confissões e até um conjunto de indícios.

O Julgamento: transposto para o universo do Tarô de Marselha, esse arcano é emblemático das comunicações via internet. Anuncia correspondências por meio das redes sociais.

O Enamorado: arcano da sedução e dos encontros amorosos, representa um rapaz dividido entre duas pretendentes, uma bem jovem e outra mais madura.

A Imperatriz: encarna uma mulher refinada, bem conservada e que usa roupas e acessórios bonitos. De modo geral, essa lâmina de tarô ilustra uma mulher de 40 anos.

A Temperança: arcano emblemático das comunicações e dos contatos; simboliza essencialmente as conversas telefônicas.

INTERPRETAÇÃO CIRCUNSTANCIADA

A Papisa remete à consulente, uma mulher em idade madura, e o livro que ela segura me faz logo pensar em textos (2) ou mensagens que ela já teria lido ou notado. O Julgamento anuncia revelações e novidades; representa as comunicações (20), sobretudo as trocas de e-mails. A presença do Enamorado à sua direita, arcano da sedução, evoca um flerte pela internet ou e-mails de natureza tendenciosa. Por experiência, também sei que o binômio 20 + 6 materializa os *sites* (20) de encontro (6), e o simples fato de ele estar inserido nessa sequência linear já me preocupa. Rapidamente se adivinha que essa sedução *on-line* com outra mulher mais jovem (3) termina em conversas telefônicas (14). Passa-se da "inofensiva" comunicação virtual na rede para verdadeiros diálogos com uma "sedutora", uma terceira pessoa. Na verdade, não tenho elementos suficientes para indicar que houve relações carnais, uma vez que o arcano do Diabo não está presente nessa sequência. Em contrapartida, tenho certeza de que o marido da minha cliente está flertando com alguém em um ou vários *sites* de encontro. No entanto, por falta de elementos mais comprobatórios, não posso assegurar que ele mantém uma relação mais íntima.

RETORNO DA INTERESSADA

Na realidade, a cliente já tinha conhecimento de um texto (2) suspeito em nossa consulta, mas não queria aceitar as evidências. Ao final de seis meses, ela ficou estarrecida ao descobrir que seu marido tinha se inscrito em *sites* (20) de encontro (6), o que justificava a presença dessa mulher (3), com a qual ele conversava regularmente por telefone (14), e constituía o elemento-chave que permitiu à minha cliente descobrir que estava sendo enganada.

PERGUNTA: VAMOS CONSEGUIR VENDER NOSSA CASA?

Tiragem nº 119

ARCANOS EMBLEMÁTICOS E PALAVRAS-CHAVE

Palavras-chave: venda/casa.

Arcanos emblemáticos: a Lua é emblemática das casas e dos imóveis. As vendas são ressaltadas pela presença da Justiça, que carimba, assina e ratifica.

LEITURA ESPONTÂNEA

À primeira vista, tenho a impressão de visualizar uma tiragem bastante luminosa, o que, *a priori*, é bom sinal. Embora inicialmente a Lua possa parecer muito triste, ela evoca sobretudo o lar e, portanto, o bem imobiliário em questão. Minha intuição é corroborada pela presença da Justiça no final da sequência linear, que anuncia uma venda. Desse modo, fico muito otimista desde o início da tiragem.

ANÁLISE CONTEXTUAL DOS ARCANOS

A Lua caracteriza o lar e o "casulo familiar", mais especificamente as casas e residências, dentro ou fora da cidade. Além disso, ela é uma das duas lâminas do Tarô de Marselha emblemáticas dos imóveis.

O Papa representa um especialista e, nesse caso, certamente um corretor imobiliário. Quase sempre ilustra um homem maduro ou experiente.

O Enamorado materializa as visitas e as negociações que ocorrem em seguida. Nele reconhecemos os potenciais compradores que nos são apresentados. De fato, ele encarna um conceito de sedução, alguém que busca "conquistar" seu interlocutor.

O Sol é o arcano dos acordos, dos compromissos, das promessas. Com esse arcano pitoresco, tudo é uma questão de entendimento e fraternidade.

A Justiça indica um "negócio", a assinatura de um contrato e, evidentemente, um documento oficial.

INTERPRETAÇÃO CIRCUNSTANCIADA

O arcano do lar aparece como prioridade nesse jogo. Certamente é um bom presságio encontrá-lo como o primeiro da fila, mas a Lua também exprime as angústias da cliente, que teme não conseguir vender sua casa. Noto que a consulente confiou seu bem imobiliário (18) a um profissional (5) que fará as visitas (6). Ao final dessas visitas (6), tenho a impressão de ver delinear-se um acordo (19) oficial (8), ou seja, uma promessa (19) de venda (8). Em contrapartida, nesse estágio, não consigo saber se a oferta será aceita nem se a venda será concluída. Contento-me em anunciar a assinatura de um compromisso de venda, em relação ao qual não tenho nenhuma dúvida.

RETORNO DA INTERESSADA

Com efeito, a cliente assinou um compromisso de venda alguns meses após nossa consulta. Encontrou um casal de compradores por intermédio de um corretor imobiliário que conhecia seu marido. Infelizmente, o casal em questão voltou atrás durante o prazo legal, e a casa foi novamente posta à venda. De todo modo, o bem imobiliário foi vendido três meses mais tarde, pelo mesmo corretor.

PERGUNTA: MEU FILHO DE 8 ANOS VAI SUPERAR SUAS ANGÚSTIAS?

Tiragem nº 120

ARCANOS EMBLEMÁTICOS E PALAVRAS-CHAVE

Palavras-chave: filho/superar/angústias.

Arcanos emblemáticos: o Mago, arcano emblemático das crianças, não está presente. As angústias do menino são cristalizadas pela Lua. O Sol representa um "esclarecimento", uma "situação melhor". Mesmo assim, será que poderíamos dizer que ele superou suas angústias?

Observação: essa tiragem em linha oferece poucos elementos e matéria-prima que permita elaborar um diagnóstico preciso e repentino. Um estudo mais aprofundado me parece necessário para esclarecer a situação.

LEITURA ESPONTÂNEA

Observamos aqui uma verdadeira gradação de cores. Passamos literalmente da escuridão do Arcano sem Nome para a luz do nosso belo Sol, o que de imediato pressagia uma melhora ao longo do tempo. As angústias do filho se refletem nessa tiragem, cujas lâminas são de natureza "psicológica", como a Lua e a Papisa. Sentimos uma grande reflexão transparecer nessa sequência, especialmente a combinação Eremita/Papisa, que remete à expressão de um exame aprofundado.

ANÁLISE CONTEXTUAL DOS ARCANOS

O **Arcano sem Nome** anuncia a cor desde o início. Ele materializa os traumas e os tormentos da vida. De modo mais genérico, a ceifadora cobre os períodos sombrios e funestos, portanto, todos os eventos trágicos que marcam o percurso de cada pessoa, desde uma simples ruptura vivida de maneira superficial até um sofrimento incomensurável, ligado a um falecimento. Nesse caso, a sensação de "mal-estar" do menino é perceptível desde o primeiro arcano do tarô.

O Eremita é o guardião do passado e da memória, ele nos (re) insere em nossa história. De imediato, supomos que as angústias do menino devem ser procuradas diretamente em sua experiência, por mais breve que seja. Na companhia desse personagem e de seu lampião, muitas vezes se trata de introspecção, de fazer um "*zoom* retrospectivo", a fim de elucidar as causas e os acontecimentos que levaram a uma ou outra situação. Observe apenas como o lampião do homem idoso ilumina o Arcano sem Nome, como se ele buscasse identificar os sintomas na origem desse mal que o corrói.

A Papisa evoca os segredos e as coisas ocultas, exorta à confissão. Seu livro é uma alusão à análise com a qual ela se deleita, ao fato de ouvir, de fazer anotações e de chegar a um diagnóstico no final. Vale notar que a Papisa é um personagem feminino e que, nesse contexto, imagino que se trate da mãe, da própria consulente ou de uma psicóloga.

A Lua é o arcano emblemático da psicologia e das angústias reprimidas nas profundezas de nosso inconsciente. Por experiência, também sei que o binômio 2 + 18 simboliza uma psicóloga, o que confirma a tese de uma psicoterapia em curso ou futura. Busca-se compreender ou estudar a origem (2) das angústias (18).

O Sol é um presságio agradável, pois define uma situação melhor e, nesse caso, uma luz no fim do túnel. O Sol encarna a confiança e o fato de se mostrar, de sair "à luz", de já não ter vergonha de sua imagem. Sua presença aqui é reconfortante e me faz esperar uma saída favorável para o filho de minha cliente.

INTERPRETAÇÃO CIRCUNSTANCIADA

Ao ler os dois primeiros arcanos, logo intuo que seu filho sofre de um sério trauma (13) passado (9), talvez uma separação (13) familiar. Apesar da escuridão evidente dessa tiragem, imediatamente me sinto mais tranquilo, pois noto a posição da Papisa, que se encontra sentada atrás do Eremita e observa os dois arcanos anteriores: por certo, ela me faz pensar na mãe e, portanto, em minha cliente, perguntando-se o que fazer nessa situação, porém, sugere sobretudo uma análise, um exame minucioso e, nesse caso, uma psicóloga. Com os olhos voltados para o Eremita (o passado), ela parece reproduzir (2) e tentar compreender esse passado (9) traumático (13). Além disso, a presença do binômio 2 + 18, que vejo inserido no meio dessa sequência de arcanos, cancela toda ambiguidade na abordagem a ser seguida e me anuncia com toda a clareza a consulta iminente a uma psicóloga, uma especialista (2) do inconsciente (18). Nesse caso, trata-se de uma mulher madura (2), habilitada a sondar nossos medos e nossas angústias (18). Portanto, à luz dessa tiragem em linha, aconselho à minha cliente que recorra aos serviços de uma terapeuta, a fim de permitir que seu filho recupere a autoconfiança (19). Anuncio-lhe que esse tratamento certamente será de longa duração (9), mas benéfico (19). Ao final (9) dessa análise (2) psicológica (18), seu filho voltará a ficar radiante (19) e feliz (19) e reencontrará sua alma de criança (19). Também noto a presença dos arcanos 18 e 19 lado a lado, que me fazem pensar em um jardim de infância, ou seja, um lugar público (18) para crianças (19). Nesse instante, penso imediatamente em uma psicóloga escolar e me apresso em dizê-lo à mãe.

RETORNO DA INTERESSADA

A cliente em questão voltou a me consultar duas vezes sobre esse assunto. Inicialmente, explicou-me que o menino era o mais novo de seus três filhos e que, ao contrário das duas irmãs mais velhas, era o único que ia mal na escola e se mostrava taciturno. Portanto, em um primeiro momento e após minhas recomendações, ela consultou uma psicóloga escolar, que confirmou o que eu havia considerado, ou seja, a experiência ruim de um divórcio, um trauma sobre o qual ele não ousava falar com a mãe e que o fazia rejeitá-la totalmente. Ao final de um ano de acompanhamento psicológico, o menino passou a ser tratado por um psiquiatra infantil. Atualmente, está mais aberto aos outros e parece ter retomado o gosto pela vida familiar.

PERGUNTA: VOU ASSINAR UM CONTRATO DE EDIÇÃO?

Tiragem nº 121

ARCANOS EMBLEMÁTICOS E PALAVRAS-CHAVE

Palavras-chave: assinar/contrato/edição.

Arcanos emblemáticos: dois arcanos ligados aos livros e às editoras se destacam nessa sequência linear: a Papisa e a Estrela. As assinaturas e os contratos são evocados pela Justiça no final da tiragem.

Observação: eis uma tiragem típica que, graças a um bom conhecimento dos arcanos maiores, oferece uma resposta límpida e quase instantânea.

LEITURA ESPONTÂNEA

Noto a presença da Papisa e de seu livro, que me fazem pensar espontaneamente em um manuscrito. Também observo o arcano da Justiça, que fecha essa tiragem em linha e me permite entrever uma assinatura, portanto, um contrato de edição. A coloração global é mais nuançada, porém, se eu me ativer estritamente às duas lâminas do tarô citadas anteriormente e que formam as extremidades dessa sequência linear, eu daria instintivamente uma resposta afirmativa.

ANÁLISE CONTEXTUAL DOS ARCANOS

A **Papisa** influi nos textos e na leitura; ela representa de fato um manuscrito, um antigo livro de magia e, nesse caso, o livro que o consulente enviou às editoras.

O **Eremita** prefigura espera e lentidão. Arcano emblemático do passado, também evoca a história e talvez um relato autobiográfico. Seu lampião remete a um exame minucioso, a uma análise escrupulosa desse manuscrito. Com o Eremita, entramos diretamente no período de observação.

O **Julgamento** materializa essencialmente os progressos digitais, dentre eles a internet e o envio de mensagens eletrônicas; ele simboliza sobretudo as notícias repentinas que mudam uma situação inicial. Por fim, como carta de comunicação por excelência, encerra a ideia de um debate, de um "júri", de um veredito e até de um "comitê de leitura".

A **Estrela** é tradicionalmente portadora de esperança, mas, nesse caso, refere-se sobretudo ao mundo editorial e cultural. A Estrela evoca uma obra de arte ou intelectual, como uma obra literária, e está intimamente ligada à criação. Traz uma onda de frescor e serenidade à tiragem, especialmente após as revelações do Julgamento.

A **Justiça**, que encerra essa tiragem em linha, evoca a assinatura de um contrato e documentos oficiais.

INTERPRETAÇÃO CIRCUNSTANCIADA

Noto de imediato que o arcano emblemático dos textos e do livro é o primeiro da sequência, o que *a priori* parece um bom sinal para a tiragem. O primeiro arcano indica quase sempre o campo profissional do consulente. Deduzo que ele trabalha como escritor ou aspira a se tornar um. Além disso, o binômio 2 + 9 me sugere uma obra (2) autobiográfica ou histórica (9). Também suponho que seu livro (2) já está concluído (9), uma vez que o Eremita sempre evoca o fim de um processo, como um ancião que chega ao crepúsculo da vida. Intuo que seu manuscrito (2) será objeto de um exame minucioso (9). Vê-se claramente que o Eremita e seu lampião examinam com atenção o livro da Papisa, tal como o faria uma revisora ou uma grafologista. Note-se que a Papisa também pode representar uma editora (2) que dedica seu tempo (9) a ler a obra antes de se manifestar (20). Em ambos os casos, asseguro a meu consulente que ele receberá notícias (20) promissoras (17 = com muita esperança) de uma editora (17), o que se concluirá com a assinatura de um contrato (8). Não posso deixar de visualizar esse Julgamento como um júri ou um comitê de leitura que dá seu veredito, ou seja, o anúncio (20) de uma boa notícia; contudo, por conhecer a lendária lentidão do Eremita que aparece no começo, prefiro não apresentar datas precisas. Contento-me em dizer a meu consulente que não perca as esperanças.

RETORNO DO INTERESSADO

Oito meses depois, meu cliente me telefonou, comemorando, para me dar a boa notícia de que seu romance havia despertado o interesse de uma grande editora e que ele tinha sido convidado a participar do Salão do Livro para encontrar a diretora e assinar um contrato.

PERGUNTA: COMO SERÁ A EVOLUÇÃO DO MEU EMPREGO?

Tiragem nº 122

ARCANOS EMBLEMÁTICOS E PALAVRAS-CHAVE

Palavras-chave: evolução/emprego.

Arcanos emblemáticos: o arcano emblemático da atividade profissional (o Carro) não aparece nessa sequência linear. O Louco contém o princípio da evolução no sentido de uma "continuação". Muitas vezes, é associado às mudanças. Seria essa a evolução esperada?

Observação: o consulente não está presente nessa sequência linear; portanto, parece não poder agir diretamente na potencial evolução de sua carreira. No máximo, é encarnado pelo Diabo, cujo excesso de energia permite entrever sua impaciência.

LEITURA ESPONTÂNEA

De imediato, o que chama minha atenção é o aspecto dessa sequência linear sem cores vivas. Nela se destaca espontaneamente um sentimento de opressão, um clima deletério. O Diabo inicia as hostilidades, faz careta como se estivesse irritado e parece gesticular excessivamente para exprimir seu descontentamento, enquanto o Louco, que encerra essa sequência, pressagia mais uma debandada ou uma fuga.

À primeira vista, a dupla "Casa de Deus e Arcano sem Nome", que reina no centro dessa tiragem em linha, evoca uma "desgraça" ou, pelo menos, uma situação caótica. Tudo nessa tiragem em linha me indica mais um percurso cheio de obstáculos do que uma evolução na carreira.

ANÁLISE CONTEXTUAL DOS ARCANOS

O Diabo costuma representar a competição, a necessidade absoluta de ser o melhor, de se elevar. No impiedoso mundo do trabalho, ele exprime as negociações, as reivindicações, um "descontentamento", os motins, os movimentos sociais e, de modo mais genérico, o ciúme e as "puxadas de tapete".

O Julgamento traz revelações, anúncios, discussões, negociações, um debate. Costuma representar uma comissão e até mesmo uma assembleia geral, que se realiza periodicamente na empresa.

A Casa de Deus materializa as perturbações e, sobretudo, as reestruturações profissionais.

O Arcano sem Nome evoca uma cisão, o fim de um processo. Ora, no mundo do trabalho, essa "ruptura" costuma assemelhar-se a uma rescisão contratual ou a uma demissão.

O Louco representa uma evolução, uma busca por outros horizontes. É justamente o destino que se coloca "em movimento". Fazemos as malas e partimos para outras aventuras. Também representa alguém que afastamos ou que as circunstâncias levam a partir para "outro lugar".

INTERPRETAÇÃO CIRCUNSTANCIADA

Desde o início da sessão, meu consulente parece muito irritado (15), a exemplo do clima de revolta e rebelião (15) que emana das três primeiras imagens. Com efeito, entre a agitação do Diabo que gesticula em seu pódio, como para exortar as multidões, a trombeta do anjo protetor que ressoa com clamor e o raio que se abate com estrondo na torre da Casa de Deus, um sentimento de revolta em um contexto de conflitos sociais transparece nessa sequência linear. O descontentamento do Diabo, a trombeta do Julgamento que soa e a tempestade que ruge sobre a Casa de Deus evocam um ruído ensurdecedor. Ao continuar a análise à luz desses elementos, logo compreendo que o momento é grave. Intuo que negociações salariais (15), resultantes desse movimento de contestação, confluem em tentativas de acordo (20), mas temo que o destino de sua empresa já esteja selado. Percebo outro anúncio (20) ruidoso (16), que leva ao fechamento (13) definitivo de sua empresa. A iconografia da Casa de Deus, cujas ameias desabam, fazem-me pensar em uma "queda" e, nesse caso, em uma falência (16) que afeta todos os níveis da empresa e, inevitavelmente, inicia uma onda de rescisões contratuais (13). Os dois personagens dessa casa são como que ejetados do edifício, vítimas da ira (16) desse anúncio que marcou (20) um fim (13). De modo geral, esse arcano pressagia uma simples reestruturação nas instalações, mas perto do Arcano sem Nome e de sua foice, que simboliza "cortes drásticos", essa queda se mostra sempre fatal. Além disso, o binômio 13 + 22 no fim da tiragem anuncia claramente uma partida forçada, à imagem do Louco que retoma a estrada, a contragosto, com sua trouxa nos ombros. Esse binômio indica basicamente uma rescisão contratual, o fim de um processo (13) que obriga o indivíduo a se colocar em movimento (22) rumo a novos horizontes, ou seja, o princípio da evolução do qual o Louco é a própria essência. Por fim, lamento ter de comunicar a meu consulente que sua empresa certamente terá de fechar as portas e que ele precisará se preparar para o pior.

RETORNO DO INTERESSADO

Meu consulente retornou seis meses após nossa consulta inicial. Sua empresa foi posta em liquidação judicial, porém, por falta de comprador, todos tiveram de ser demitidos. Ele conseguiu ser recolocado em uma sucursal, mas tinha de percorrer mais de cem quilômetros por dia para chegar a seu local de trabalho. Um mal menor, disse-me ele, diante do contexto social em que se encontrava.

PERGUNTA: VOU SER CONTATADO POR UMA PRODUTORA?

Tiragem nº 123

ARCANOS EMBLEMÁTICOS E PALAVRAS-CHAVE

Palavras-chave: contatar/produtora.

Arcanos emblemáticos: os contatos e conversas são personificados pela Temperança, enquanto a produção é tradicionalmente associada ao Diabo, ambos presentes nessa sequência.

LEITURA ESPONTÂNEA

Por certo, as cores dessa tiragem em linha apresentam um contraste, mas não irregularidades reais. São até luminosas em seu conjunto. A bela Estrela, que abre o baile, indica talentos artísticos e, sobretudo, grandes esperanças, enquanto o Diabo, que encerra essa sequência linear, evoca os investidores e, nesse caso, as produtoras. Também noto a presença do Imperador, que observa despreocupadamente os três arcanos que o antecedem, à maneira de um caçador de talentos. Poderia ele se tornar um personagem central e até elemento principal dessa análise?

ANÁLISE CONTEXTUAL DOS ARCANOS

A **Estrela** é tradicionalmente associada à esperança, mas também às criações artísticas de toda ordem, às obras intelectuais, às composições musicais. Ela representa uma musa, uma inspiração, uma egéria e uma futura estrela.

A **Roda da Fortuna** veicula a ideia de ciclos e vicissitudes que marcam o caminho de todo indivíduo. Costuma ser associada às oportunidades que se apresentam a nós. Devido à sua forma oval, esse arcano também representa os vinis e os CDs.

A **Temperança** permanece o arcano emblemático das conversas telefônicas. No universo musical, a posição de seus braços é semelhante à dos violinistas ou acordeonistas.

O **Imperador** pressagia aqui a presença de um homem poderoso. Ele materializa os diretores no sentido amplo do termo.

O **Diabo** permanece o arcano emblemático dos financiadores e investidores. No universo das artes e da cena musical em particular, ele encarna as produtoras e os grandes grupos que patrocinam determinados artistas.

INTERPRETAÇÃO CIRCUNSTANCIADA

A moça com o olhar voltado para mim durante toda a sessão está esperançosa (17). Antes mesmo de eu compreender o teor de sua tiragem, ela me informa que atua na cena musical. Embora não paire nenhuma dúvida quanto à sua natureza criativa (17), descubro com alegria a presença da Roda da Fortuna, que evoca a ocorrência de uma verdadeira oportunidade (10), uma "boa fortuna", que lhe renderá um contato telefônico (14). Desconfio que esse Imperador, reinando no meio do caminho, seja o diretor (4) de produção (15) com o qual ela terá uma primeira conversa (14) por telefone. Portanto, apresso-me em dizer-lhe que sua esperança não é vã e que seus talentos artísticos

(17) atrairão a atenção de um homem maduro (4), aparentemente um diretor de produção (15). Nesse estágio, não sei se ela assinará um contrato, mas tenho certeza de que será contatada por uma produtora.

RETORNO DA INTERESSADA

A moça me ligou menos de quinze dias depois de nossa sessão para me confirmar que havia sido contatada por um diretor de produção. Até hoje não sei qual foi o resultado dessa conversa: teria sido positivo?

PERGUNTA: MINHA FILHA VAI CONSEGUIR UM ESTÁGIO EM ALGUMA EMPRESA?

Tiragem nº 124

ARCANOS EMBLEMÁTICOS E PALAVRAS-CHAVE

Palavras-chave: filha/estágio em empresa.

Arcanos emblemáticos: não visualizo a filha da consulente nessa tiragem em linha. Estaria apagada ou dissimulada? Em compensação, o Papa, que encerra a sequência, é emblemático da formação profissional.

LEITURA ESPONTÂNEA

Esse panorama de cores variadas oferece uma evolução interessante à medida que progredimos na leitura das lâminas de tarô que o compõem.

Sinto um "aumento de força" no nível dessa procura por estágio ao longo dos arcanos. Por si só, o Eremita encarna a expressão de uma busca, e seu lampião indica uma busca ativa. A presença combinada do Julgamento e do Mundo pressagia uma sociabilidade de qualidade. A Justiça parece validar um documento oficial, enquanto o Papa, que encerra essa tiragem em linha, simboliza um ensinamento ou uma formação profissional. Ao ler essa sequência, presumo que a filha de minha consulente obterá um estágio em pouquíssimo tempo.

ANÁLISE CONTEXTUAL DOS ARCANOS

O **Eremita**, que examina o horizonte com seu lampião, tal como um detetive ou um pesquisador, indica um processo de pesquisa em curso.

    O **Julgamento** representa as comunicações nas redes sociais e, de modo mais genérico, todas as conversas na *web*.

    O **Mundo** evoca a rede de contatos, recursos humanos e relações internacionais.

    A **Justiça** é a lâmina emblemática dos contratos e dos documentos oficiais.

    O **Papa** materializa essencialmente os estudos de alto nível, a formação profissional e os estágios em empresas, dependendo do caso.

INTERPRETAÇÃO CIRCUNSTANCIADA

De imediato, percebo que essa jovem consulta (9) a internet e as redes sociais (20) com o intuito de encontrar um estágio em uma empresa. Rapidamente, vejo que se delineiam múltiplos intercâmbios (20) ao final de sua pesquisa (9) na *web*. Intuo que contatos (20) provenientes de seu círculo de relações (21) ou em ligação direta com um departamento de recursos humanos (21) ocorrerão em breve. Poderia tratar-se de um cargo internacional (21), uma vez que o arcano do Mundo representa justamente esse conceito de globalização e intercâmbios com o exterior. A presença conjugada da Justiça e do Papa no fim da tiragem é esclarecedora em minha análise, pois essa dupla evoca espontaneamente a assinatura de um contrato (8) de formação (5) e, nesse caso, a assinatura de um contrato (8) de estágio (5).

RETORNO DA INTERESSADA

A filha da consulente acabou encontrando uma formação em uma empresa no contexto de um contrato de estágio. Ela foi contatada pelo departamento de recursos humanos de uma empresa internacional, à qual havia se candidatado primeiro.

PERGUNTA: VAMOS TER DE REFORMAR O IMÓVEL EM BREVE?

Tiragem nº 125*

ARCANOS EMBLEMÁTICOS E PALAVRAS-CHAVE

Palavras-chave: reformar/imóvel/em breve.

Arcanos emblemáticos: o fato de "reformar" é simbolizado pelo magnífico Sol que ilumina essa tiragem em linha. Os imóveis residenciais são ilustrados pela Casa de Deus. A noção de futuro imediato é difícil de apreciar, pois, além do período estivo representado pelo Sol, não vejo

---

* Essa tiragem mais completa, com um arcano suplementar, é interpretada do mesmo modo que as anteriores.

um arcano que traduza essa noção de futuro próximo de maneira significativa. Eu diria que esse "em breve" está implícito no momento em que ocorrer essa reforma.

LEITURA ESPONTÂNEA

Noto no mesmo instante que essa história se inicia com o Papa, que, sem distinção, evoca um debate, uma necessidade de conselho, uma consulta e, portanto, a presença de um auditório, de um público. Os peregrinos ouvem o Santo Padre, à imagem dos sujeitos no arcano do Julgamento, que ouvem o anjo protetor. A Justiça, empoleirada no meio do caminho, parece ratificar uma decisão oficial. A iconografia da Casa de Deus me remete diretamente à questão ao materializar o imóvel residencial de que se trata. Quanto à presença flamejante do Sol, que encerra essa sequência, ele é um arcano luminoso e pitoresco em relação à imagem e à plasticidade, o presságio de uma futura reforma.

ANÁLISE CONTEXTUAL DOS ARCANOS

O Papa é conhecido por pregar o Evangelho. Ele encarna os conselhos de toda espécie. Em nosso exemplo, às vezes representa o conselho de moradores de um imóvel, um representante do síndico.

O Julgamento evoca as negociações, os debates e, nesse caso, uma assembleia geral, um local de votação, onde se tomam decisões e se "dá um veredito". Poderíamos dizer uma votação aberta.

A Justiça carimba, ratifica e assina documentos oficiais. Nesse contexto preciso, ela anuncia um voto ou uma assinatura oficial, validada por uma repartição.

O Louco caminha rumo a seu destino, avança incansavelmente. Nesse caso, o projeto avança para outra etapa. Dá-se um passo adiante. A evolução está em curso. É preciso ter em mente que o Louco implica uma continuidade.

A Casa de Deus representa os edifícios e os imóveis residenciais, dos quais é o arcano emblemático. Sua presença aqui pressagia obras futuras, ligadas ao imóvel em questão.

O Sol sempre encerra um conceito de embelezamento, o fato de "brilhar", de ter uma "pele deslumbrante" ou uma "cara boa". É encontrado especialmente nos casos de cirurgia plástica e aqui materializa uma reforma, o fato de dar brilho ao edifício, de restaurá-lo.

INTERPRETAÇÃO CIRCUNSTANCIADA

A presença do Papa à esquerda do Julgamento evoca espontaneamente um presidente (5) que participa de uma assembleia (20), um homem maduro que transmite uma mensagem a uma assistência. Se a pergunta se baseasse em um processo, veríamos o presidente (5) de uma audiência (20) no papel desse Papa. Nesse caso, a cena remete mais a um conselho (5), reunido por ocasião de uma assembleia geral (20) dos proprietários do imóvel para discutir a respeito dos itens da ordem do dia. Vale notar que o Papa recomenda, orienta e informa; ele tem o dever de aconselhar. Portanto, esses dois primeiros arcanos pressagiam negociações (20) e debates acalorados, que privilegiam a oralidade (o Papa se dirige a uma plateia de peregrinos, enquanto os personagens na imagem do Julgamento ouvem com atenção a palavra do anjo protetor). Esse conciliábulo ou, antes, essa reunião de proprietários (20) dá lugar a um relatório oficial, provavelmente a ata de uma assembleia (8), que conduz (22) os proprietários a iniciarem as obras (16) de embelezamento/ restauro (19) e, nesse caso, a reforma (19) da fachada do imóvel. Desse modo, deduzo que a reforma da fachada será votada na próxima assembleia geral, o que anuncio sem demora à minha interlocutora.

RETORNO DA INTERESSADA

A consulente me ligou após a realização da assembleia geral para me manter informado sobre as decisões. Esse retorno foi muito proveitoso para mim, pois eu nunca havia deparado com esse tipo de caso. Durante a assembleia (20), o síndico (5) explicou aos moradores que havia recebido uma ordem (8) da prefeitura de Paris que os obrigava a executar as obras (16) de restauro (19) em dois anos. Mais uma vez se impunha o aspecto "oficial e legal" da Justiça e de sua espada.

PERGUNTA: VAMOS CONSEGUIR RENEGOCIAR O CRÉDITO DO APARTAMENTO?

Tiragem nº 126*

ARCANOS EMBLEMÁTICOS E PALAVRAS-CHAVE

Palavras-chave: conseguir/renegociar/crédito.

Arcanos emblemáticos: a noção de sucesso, que considero semelhante principalmente ao arcano do Mundo ou da Força, dependendo do caso, não se manifesta nessa sequência linear.

Entretanto, o arcano emblemático das negociações transparece nessa tiragem na posição do Diabo, enquanto a Roda da Fortuna é emblemática dos créditos e empréstimos. Por fim, a Casa de Deus representa a moradia.

---

* Essa tiragem mais completa, com três arcanos suplementares, é interpretada do mesmo modo que as anteriores.

Observação: encontramos vários arcanos emblemáticos em ligação direta com o contexto explorado, indicando, *a priori*, um presságio favorável.

LEITURA ESPONTÂNEA

Que arcanos! O código de cores dessa sequência linear exibe um forte contraste e não é muito atraente à primeira vista. O grupo formado pela Casa de Deus, pelo Pendurado, pelo Eremita e pelo Diabo evoca vicissitudes e indica claramente que falta muito para ganhar esse jogo. Logo percebo três arcanos relativos às finanças, respectivamente, a Roda da Fortuna, o Diabo e a Justiça, o que me parece normal e de bom-tom em uma tiragem que se baseia em uma renegociação. Contudo, sou obrigado a constatar que o Diabo, que representa a negociação e o aspecto transacional de maneira apropriada, encontra-se como que "encurralado", preso entre o Pendurado e o Eremita. Seria um sinal de indeferimento? Paradoxalmente, se me limito a interpretar de maneira contextual os dois arcanos maiores que formam as extremidades dessa tiragem, tenho razões para permanecer um tanto otimista: a Roda da Fortuna, que simboliza os créditos e os empréstimos, é a primeira a sair nessa sequência, e a Justiça fecha a tiragem em linha com um contrato. No fim das contas, embora o caminho que conduz à renegociação do empréstimo imobiliário se mostre irregular e até caótico, o resultado parece valer a pena.

ANÁLISE CONTEXTUAL DOS ARCANOS

A Roda da Fortuna é uma lâmina prateada: costuma materializar as flutuações da Bolsa e os jogos de azar, mas, sobretudo – o que é o caso em nosso exemplo –, os créditos ao consumo e os empréstimos imobiliários.

De modo geral, **a Casa de Deus** evoca os imóveis residenciais e, nesse caso, o apartamento em questão.

O Julgamento pressagia tanto uma conversa, discussões e negociações quanto um anúncio oficial, revelações, novidades e uma mensagem. Por certo, ele exprime as trocas de e-mail, como já ressaltei anteriormente.

O Pendurado materializa principalmente os bloqueios de qualquer origem e, de modo mais global, as situações interrompidas ou em *stand-by*.

O Diabo é o mestre incontestável em matéria de finanças e negociação. Sua presença aqui vem bem a calhar, levando-se em conta a questão.

O Eremita é conhecido por sua lentidão. Contudo, devido à idade avançada e, portanto, à sua longevidade, também encarna um conceito temporal de prolongamento, de duração e, nesse caso, um plano de amortização, a extensão da duração do empréstimo inicial. Vale lembrar que esse caro Eremita representa o tempo passado em uma empresa; portanto, mais uma vez, a duração.

O Mago simboliza uma renovação, um reinício, uma iniciação, um recomeço. Um processo é começado ou reiniciado.

A Justiça carimba, ratifica e preside à assinatura de contratos. Ela aprova um ou outro projeto de maneira formal e até oficial. Para todos os fins úteis, esse arcano também materializa os anos fiscais e os salários no âmbito profissional.

INTERPRETAÇÃO CIRCUNSTANCIADA

De imediato, entendo que o empréstimo (10) imobiliário (16) dos clientes será rediscutido (20) em breve. A Casa de Deus materializa o apartamento em questão, mas também engloba um conceito de "queda"; portanto, intuo que essa mensalidade (10) será reduzida (16) em uma futura conversa (20). A Roda da Fortuna representa o que é cíclico e recorrente, como esse crédito, que cai a cada mês. Ao percorrer a sequência linear, rapidamente percebo que as discussões (20) serão tensas e permanecerão paradas (12) por algum tempo. De fato, há que se constatar que essas tentativas de acordo (20) correm o sério risco de causar uma estagnação (12) na linha de frente das negociações (15). Nesse estágio, presumo que o Pendurado exprima não um bloqueio definitivo, mas um simples prazo de carência, necessário para o exame (20) da documentação. Além disso, o Julgamento costuma revestir um caráter jurídico; por isso, penso sinceramente que imprevistos jurídicos e administrativos (20) suspenderão (12) a renegociação (15) do empréstimo por algum tempo. Apesar dessa interrupção provisória (12) das negociações (15), acompanhada de um atraso (9) suplementar, talvez o tempo de análise (9) fiscal (15), o binômio 1 + 8 que encerra essa tiragem em linha me indica claramente a assinatura de um novo (1) contrato (8). A presença do Eremita evoca transações financeiras (15) que visam a diminuir (9) as mensalidades iniciais. Ele materializa a concessão de um prazo (9) suplementar e, nesse caso, a extensão (9) da duração do empréstimo. Exprime um plano de amortização (9), proveniente da renegociação (15) do referido empréstimo e ratificado com a redação (1) de um novo aditamento (8).

RETORNO DOS INTERESSADOS

Ao final de um longo périplo cheio de obstáculos, um aditamento pôde ser renegociado com o banco, o que permitiu estender o prazo de reembolso e, portanto, aliviar as mensalidades do casal.

Chegamos ao fim deste capítulo dedicado às tiragens em linha. Graças aos exemplos estudados, você poderá aprofundar sua prática do Tarô de Marselha *in loco* e, sobretudo, treinar bastante para decodificar esses encadeamentos de arcanos maiores, que lhe permitirão "iniciar-se" nas tiragens em cruz, tema de nosso próximo desafio.

Capítulo 5

A TIRAGEM EM CRUZ

Utilizada principalmente pelos técnicos do Tarô de Marselha, como os profissionais da adivinhação e os apaixonados por tarologia, esse modo de tiragem é um dos grandes clássicos e um dos mais completos. Seu uso cobre um espaço-tempo mais importante do que as tiragens de tarô que apresentei anteriormente nesta obra. Enquanto esse método de tiragem, chamado de "em cruz", figura entre os mais antigos utilizados no exercício da adivinhação, as interpretações que dele são feitas variam sensivelmente de um autor para outro. Portanto, vou me limitar a comunicar ao leitor minha experiência na matéria, propondo-lhe uma forma singular de leitura, que certamente vai na contracorrente dos modos de interpretação tradicionais, mas que vem sendo amplamente comprovada junto a milhares de clientes satisfeitos.

Utilizo essencialmente esse método há mais de 12 anos em minhas consultas particulares, sobretudo porque ele contém detalhes inestimáveis, que dão relevo às minhas interpretações. Em contrapartida, ainda que seja conveniente interpretá-lo segundo as boas práticas, a fim de evitar passos em falso e os erros habituais, é indispensável conhecer todos os seus mecanismos, que me proponho a ensinar ao leitor na primeira seção deste capítulo.

Embora eu já tenha tratado em profundidade esse modo de tiragem, bem como seu aspecto técnico, em meu *Tarot de Marseille: Guide de l'utilisateur*, publicado em março de 2014, achei importante retomar as especificidades da tiragem em cruz para aproximar o leitor da realidade prática, a mesma com a qual convivo todos os dias em meu consultório parisiense.

Comecemos por rever o aspecto técnico desse método de tiragem.

FISIONOMIA DA TIRAGEM EM CRUZ

Como seu nome indica, essa tiragem de tarô se apresenta sob a forma de uma cruz, composta de cinco arcanos maiores, que chamaremos de A, B, C, D e E. O esquema seguinte materializa essa cruz, a saber:

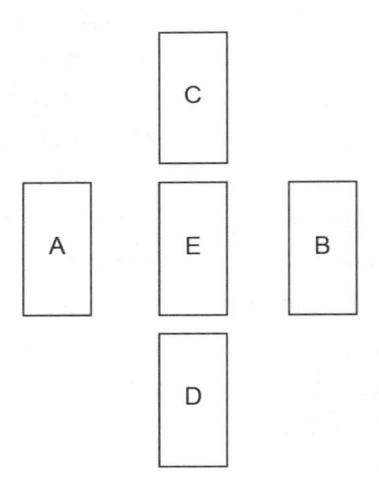

```
        ┌───┐
        │ C │
        └───┘

┌───┐   ┌───┐   ┌───┐
│ A │   │ E │   │ B │
└───┘   └───┘   └───┘

        ┌───┐
        │ D │
        └───┘
```

A tiragem dos arcanos: os cinco arcanos constitutivos dessa cruz são tirados na ordem enumerada acima, ou seja: A, B, C, D e E.

Modo de tiragem: não existe um modo de tiragem melhor do que o outro. Na minha opinião, o fato de dispormos os 22 arcanos maiores em semicírculo à nossa frente ou em desordem não tem nenhuma importância, desde que permaneçamos concentrados na pergunta que desejamos fazer. De minha parte, peço a meus consulentes que embaralhem os 22 arcanos maiores à sua frente e depois escolham cinco cartas "aleatoriamente", que disponho segundo o esquema apresentado acima. A leitura da tiragem pode, então, começar.

LEITURA DA TIRAGEM EM CRUZ

A tiragem em cruz deve ser lida da esquerda para a direita, sem descontinuidade e em sentido anti-horário. Esse modo de tiragem é lido de maneira empírica e circular: parte-se do passado (A), faz-se uma escala no presente (D) e sobe-se para o futuro (C). Ele remete ao ciclo da vida (nascemos, somos e nos tornamos), um ciclo que encontramos materializado por meio dessa cruz. Costumo compará-lo com a Roda da Fortuna, que apresenta a mesma fisionomia e marca o tempo que passa, como um relógio (cf. *Tarot de Marseille: les grandes thématiques*, publicado em novembro de 2015 pelas edições Trajectoire).

O esquema seguinte representa o sentido de rotação e o modo de leitura dessa tiragem em cruz, a saber:

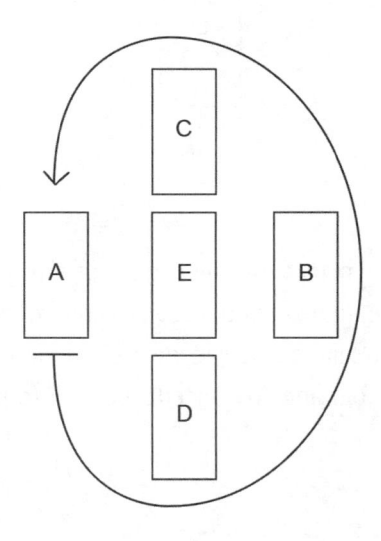

TEMPORALIDADE DA TIRAGEM EM CRUZ

Um bom conhecimento dos espaços-tempos permite que se percorra sem dificuldade os meandros da tiragem em cruz.

Em vez de um longo discurso entediante, sugiro que o leitor assimile o esquema a seguir, que cristaliza esses espaços-tempos.

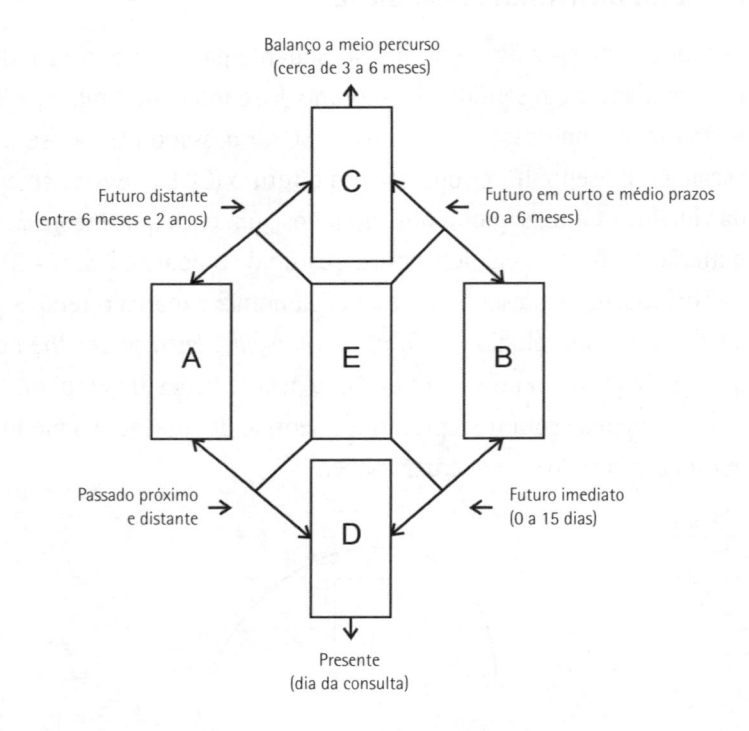

```
                 Balanço a meio percurso
                  (cerca de 3 a 6 meses)
                          ↑
                        ┌───┐
                        │ C │
   Futuro distante      │   │    Futuro em curto e médio prazos
(entre 6 meses e 2 anos) →  ←            (0 a 6 meses)
                        └───┘
                    ↙         ↘
                ┌───┐  ┌───┐  ┌───┐
                │ A │  │ E │  │ B │
                └───┘  └───┘  └───┘
                    ↖         ↗
                        ┌───┐
    Passado próximo     │ D │      Futuro imediato
      e distante    →   │   │  ←    (0 a 15 dias)
                        └───┘
                          ↓
                       Presente
                    (dia da consulta)
```

Como é possível perceber pela imagem, os espaços-tempos se articulam em torno de quatro pontos cegos, cada um deles composto de dois trinômios, ou seja, da adição de três monômios. Voltaremos a abordar com mais detalhes o conceito de "ponto cego" e trinômios mais adiante.

Portanto, os espaços-tempos se decompõem do seguinte modo:

- o ponto cego nº 1, materializado pelo triângulo A + D + E, engloba os acontecimentos relativos à história do consulente. Evoca o passado próximo e distante, de acordo com os eventos descritos;
- o valor "D" representa o dia "D" da consulta. Aqui, situamo-nos no presente imediato. Ele descreve a situação do interessado no dia da consulta e às vezes cobre fatos que remontam a um ou dois dias antes ou após o dia "D", mas que são considerados atuais;
- o ponto cego nº 2, materializado pelo triângulo D + B + E, cobre o futuro imediato e dá indicações suplementares sobre o teor dos acontecimentos presentes. Inclui eventos futuros quase instantâneos, geralmente compreendidos em um intervalo de 0 a 15 dias. Esse ponto cego se localiza entre o presente e o futuro próximo;
- o ponto cego nº 3, materializado pelo triângulo B + C + E, cobre acontecimentos do futuro em curto e médio prazos, ou seja, situados em um prazo de 15 dias a, no máximo, seis meses, dependendo da natureza dos fatos e eventos relatados;
- o valor "C" oferece um balanço em curto e médio prazos. Ele responde parcialmente à pergunta feita pelo consulente. Em algumas tiragens, sua mensagem é quase definitiva e já dá o sentido a ser atribuído à sua resposta;
- o ponto cego nº 4, materializado pelo triângulo C + A + E, cobre os acontecimentos situados no futuro em longo prazo, um período que oscila entre alguns meses e vários anos, dependendo dos fatos estudados.

Observação: embora seja comum admitir que a duração de uma tiragem em cruz raramente excede um ano, seu espaço-tempo não é fixo e permanece extensível, dependendo do contexto. Algumas tiragens em cruz nos permitem, por exemplo, remontar a vários anos no passado ou, ao contrário, captar acontecimentos futuros muito além de um ano. Quanto ao futuro próximo, ela costuma oscilar entre um e seis meses, de acordo com a natureza dos fatos e a área abordada.

VALOR DOS CINCO ARCANOS MAIORES

Essa parte é fundamental, pois determina o valor absoluto de cada lâmina de tarô segundo sua posição na tiragem em cruz. Convém prestar muita atenção a ela, a fim de evitar as interpretações exageradas e os eternos passos em falso.

- Valor do arcano denominado "A"

    Esse primeiro arcano selecionado representa o(a) consulente. Ele encarna sobretudo **as forças vivas** e as qualidades da pessoa que o consulta ou de você mesmo, caso faça uma tiragem que o implique diretamente. Esse primeiro arcano tirado apresentará a profissão e as aptidões do seu interlocutor perante a pergunta feita. Ele materializa tudo o que lhe é favorável em relação à problemática. De certo modo, trata-se dos "recursos naturais" de que o consulente dispõe no momento de sua tiragem.

- Valor do arcano denominado "B"

    Esse segundo arcano, que você colocará diante de A, representa a problemática que o conduziu à consulta. **Em ligação direta com o passado** do consulente, essa lâmina assim posicionada exprime com muita clareza os fracassos que a pessoa teve de enfrentar até esse momento. Nele encontramos os bloqueios, a adversidade, as condições externas e, sobretudo, os outros. Com frequência, trata-se de acontecimentos externos, nos quais não necessariamente se consegue intervir.

- **Valor do arcano denominado "C"**
  Esse terceiro arcano, que reina no alto da tiragem em cruz, corresponde ao **balanço a meio percurso** e às vezes contém a resposta quase definitiva para a pergunta inicial. Trata-se de uma etapa intermediária muito importante, que orienta a tiragem no nível do futuro em curto e médio prazos. Esse arcano "C", que intervém no meio do caminho, é fundamental para a interpretação da sua tiragem em cruz, pois influi sistematicamente no resultado, dando-lhe uma tonalidade positiva ou negativa, dependendo do caso. Ele identifica as reviravoltas boas ou ruins, inerentes à sua tiragem de tarô.

- **Valor do arcano denominado "D"**
  Essa quarta lâmina de tarô, colocada bem na sua frente, tem **um valor de presente absoluto**; ela simboliza "o aqui e o agora". Portanto, encarna o presente imediato e ilustra justamente a situação com a qual você é confrontado no momento da tiragem. Exprime os acontecimentos e os fatos precisos no dia "D" da consulta; é a ligação entre o passado próximo e o futuro imediato. Considera-se que esse arcano engloba eventos conjunturais, que materializam a fronteira entre o passado e o futuro. Sua análise lhe permitirá conhecer a problemática exata no momento da tiragem, "sondar" a situação no dia "D" da consulta.

Observação: enquanto muitas obras vendem "D" como o resultado da tiragem em cruz, na verdade, não é o que acontece, conforme demonstra a minha experiência cotidiana de consultas. Essa posição é fonte de inúmeros erros de interpretação. Para que se possa fazer uma boa leitura da tiragem em cruz, é fundamental restituir a "D" seu verdadeiro lugar.

Conforme já explicado anteriormente, "D" une o passado e o futuro, e seu valor é o do presente imediato. Ele exprime a situação atual perante a qual se encontra o consulente no momento da tiragem. Por essa razão, que depende mais da lógica do que da clarividência, "D" não pode absolutamente ter um duplo valor presente e futuro. A resposta à sua pergunta não pode situar-se nesse local, pois com toda a certeza se trata do presente. Como poderia "D" ser presente e futuro ao mesmo tempo? Evidentemente, isso não faz nenhum sentido. No entanto, por causa dessa confusão de gêneros, muitos participantes dos cursos não conseguiam compreender por que, do ponto de vista retrospectivo, o resultado para sua pergunta não correspondia em nada à sua situação futura. Eles observavam um descompasso inexplicável, pois pensavam, erroneamente, que "D" atuasse como resultado, quando, na realidade, trata do presente. Portanto, é fundamental ter em mente que "D" corresponde apenas aos eventos presentes e às problemáticas que se referem ao dia "D" da consulta.

Se você quiser aprofundar esse aspecto da tiragem em cruz, convido-o a consultar a seção intitulada "Discussão em torno do arcano colocado em posição 'D'", na página 215 da minha obra *Tarô de Marselha: A Jornada do Autoconhecimento – Guia de Leitura para os Grandes Temas da Vida Cotidiana*.

Com essa "marca registrada" ou especificidade baseada em uma prática assídua desse modo de tiragem em situação real, a leitura que faço da tiragem em cruz se singulariza e rompe totalmente com o método adotado por muitos autores que pregam um modo de leitura clássico ("A" como favorável, "B" como contrário, "C" como interveniente, "D" como resultado).

- **Valor do arcano denominado "E"**
Esse arcano relata **o estado de espírito** do consulente e os meios utilizados por ele para enfrentar a problemática. Comumente chamada de "síntese", essa carta central traz uma coloração ao conjunto da tiragem, pois exerce sua influência sobre todas as outras lâminas

do tarô. Colocado no epicentro da tiragem em cruz, esse arcano desempenha, portanto, um papel primordial em todos os níveis de interpretação da tiragem. Ele permite calcular os pontos cegos e os trinômios que abordaremos na seção seguinte.

Esses cinco arcanos maiores constituem uma **primeira grade de leitura** e, portanto, um primeiro nível de interpretação. Desse modo, podemos percorrer rapidamente a tiragem em cruz e definir de imediato as forças presentes (A), a problemática com a qual somos confrontados (B), a situação no dia "D" da consulta (D), o resultado em um futuro intermediário (C) e o estado de espírito geral (E). Às vezes, esse nível primário de interpretação é suficiente para responder à pergunta feita sem ir mais longe na análise.

OS PONTOS CEGOS

Como certamente você terá observado, a tiragem em cruz se subdivide em quatro triângulos isósceles. Cada um deles delimita um espaço-tempo predeterminado. O triângulo ADE engloba o passado; o DEB, o futuro imediato; o BEC, o futuro em curto e médio prazos; e o CEA, o futuro distante. Cada um desses espaços-tempos que chamo de "pontos cegos" são obtidos por meio da adição teosófica, um modo de cálculo emprestado diretamente da numerologia. De resto, trata-se de um método de cálculo no qual se inspirou Marcel Picard, que o menciona em seu excelente livro *La sagesse des arts divinatoires – Tarots. Pratiques et interprétations* (A sabedoria das artes divinatórias – Tarôs. Práticas e interpretações), publicado pela editora Albin Michel em 1987; uma adição teosófica retomada em seguida por Bruno de Nys e transposta para a tiragem em cruz.

Assim, cada ponto cego revela dois novos valores, de modo que vemos aparecer oito valores suplementares ao final de nossos cálculos.

Em outros termos, cada um dos quatro pontos cegos engloba dois pares de trinômios resultantes da adição dos três arcanos maiores que os compõem. Esses pontos cegos revelam uma série de informações importantes, que permitem enriquecer e dar sustentação à interpretação da tiragem em cruz. Eles representam a face oculta da tiragem e são repartidos de acordo com o esquema a seguir:

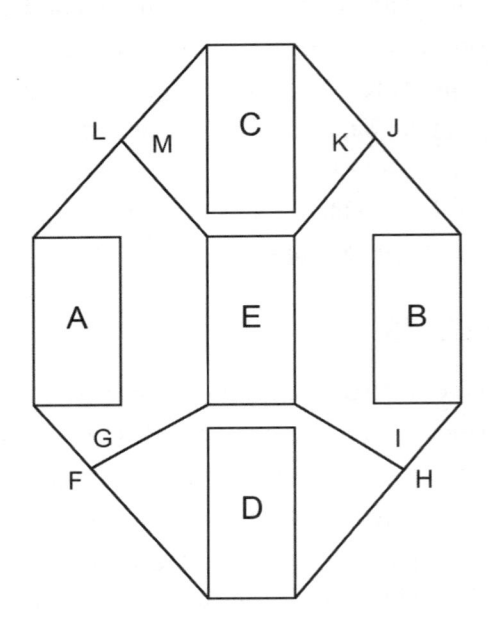

Olhando mais de perto, você constatará que existe um par de trinômios por ponto cego. Em um total de oito, eles estão presentes em cada espaço-tempo. Portanto, encontramos dois trinômios no passado, dois no presente, dois no futuro próximo e dois no futuro mais distante. Conforme detalharei na seção a seguir, esses trinômios resultam exclusivamente da adição dos três arcanos maiores que formam, cada um, pontos cegos.

Os arcanos A-D-E formam um triângulo isósceles que representa o ponto cego do passado. Ao adicionarmos A e D, obtemos um novo valor, nomeado "F", que, por sua vez, será adicionado a E para obter o valor G. Provenientes da adição dos três arcanos iniciais, esses dois novos valores F e G formam os dois trinômios do passado, respectivamente A-F-D e F-G-E. Segundo o mesmo modo de operação, obtemos os trinômios D-H-B e H-I-E no presente, os trinômios B-J-C e J-K-E no futuro próximo e, por fim, os trinômios C-L-A e L-M-E no ponto cego do futuro mais distante.

Uma vez que o Tarô de Marselha é composto de 22 arcanos maiores, o resultado da adição dos dois arcanos maiores sempre terá de ser reduzido a um valor inferior a 22, o valor do Louco. Esse é o princípio da adição teosófica utilizada em numerologia.

Exemplo: se adicionarmos o arcano 21 (o Mundo) ao arcano 11 (a Força), obteremos o número 32 (ou seja, 21 + 11), resultado de uma simples adição aritmética. Ora, para ser utilizado no Tarô de Marselha, esse número deve ser, necessariamente, reduzido a um valor inferior ou igual a 22. Ao se aplicar o método da adição teosófica, somam-se o 3 e o 2 que formam o número 32, e o resultado será 5, ou seja, o arcano 5, o Papa.

Observação 1: se por um lado convém estar atento a cada ponto cego que compõe nossa tiragem em cruz, por outro, uma atenção bastante particular deverá ser dada ao ponto cego do futuro mais distante, pois ele costuma trazer a conclusão de sua problemática. Assim, a análise dos trinômios C + L + A e L + M + E que o compõem lhe permitirá aperfeiçoar suas previsões da maneira mais próxima da realidade.

Essa ginástica aritmética oferece uma **segunda grade de leitura**, que eleva o nível da interpretação. O surgimento de arcanos "invisíveis" a olho nu inclui detalhes inéditos, apropriados para dar relevo às suas interpretações das tiragens em cruz.

Observação 2: entendo que todos esses cálculos, tomados de empréstimo da numerologia, podem parecer entediantes e complicados para os iniciantes, e até mesmo contraditórios em relação ao Tarô de Marselha e suas imagens. Embora seja possível pular essa etapa e optar diretamente por uma tiragem em cruz coberta, eu a recomendo ao menos a título de orientação, pois ela costuma divulgar informações fundamentais que não necessariamente são visíveis à primeira vista.

Observação 3: enquanto a fisionomia dessa tiragem em "cruz" costuma prestar-se a esse tipo de cálculo, com as tiragens dos binômios ou aquelas em linha, que são lidas exclusivamente da esquerda para a direita, como uma história em quadrinhos, o procedimento é bem diferente. O fato de os arcanos serem dispostos lado a lado nos oferece um panorama de imagens bastante eloquente para não termos de recorrer a esse tipo de cálculo. Apenas a arquitetura da tiragem em cruz possibilita esse modo de leitura, baseado na adição teosófica.

TRINÔMIOS E ARCANOS REDUNDANTES

Ao longo de sua aprendizagem, você constatará que algumas tiragens em cruz apresentam trinômios compostos por dois arcanos maiores idênticos, no modo A + A + B, tal como os trinômios 9 + 9 + 18 ou 5 + 5 + 18. Ao contrário das ideias difundidas a esse respeito, essas tiragens são tão praticáveis quanto qualquer outra. Às vezes, essa repetição é tão desviante e perturbadora que nos perguntamos se não nos enganamos nos cálculos. Não é nada disso, pode ficar tranquilo!

Esse fenômeno de redundância, que você encontrará principalmente com o arcano 18 por razões que dependem da aritmética, não deixa de ser interessante. Do mesmo modo, devido a uma lógica inerente à adição teosófica, você notará que apenas os arcanos de 5 a 11 se repetem consecutivamente nos trinômios, formando um trinômio do tipo A + A + B (cf. 5 + 5 + 18). Seguindo esse raciocínio, você nunca vai encontrar uma Papisa nem um Imperador duplicados na ordem enunciada acima. Certamente encontrará trinômios formados por

A + B + A, com uma repetição de arcanos que incluem todos os arcanos maiores, sem exceção, mas trinômios como A + A + B são reservados aos arcanos numerados de 5 a 11. Se o tarô enfatiza esses arcanos com tanta insistência é justamente porque eles têm uma mensagem crucial a transmitir. Na maioria dos casos, o arcano que se repete dessa forma toca em um problema relevante a ser abordado. Convém dedicar uma atenção bastante particular a essas repetições. A intensidade do arcano é multiplicada por dois.

A título de exemplo, a repetição do Eremita indicará sobretudo uma investigação (9) de fundo, uma busca (9) aprofundada (9). O Eremita se lança, então, em uma investigação ativa, e não como diletante. Dependendo do contexto, a ênfase será dada ao passado e à história pessoal (9) do seu interlocutor. Portanto, trata-se de sondar (9) seu passado (9). Quanto à presença redundante da Força, ela indicará uma vontade (11) inabalável (11), um desejo (11) irreprimível (11). Dependendo do contexto, esse "excesso" de 11 pode indicar uma personalidade autocrática, que busca impor seu ponto de vista, um excesso (11) de zelo (11), uma pessoa convencida (11) de suas capacidades (11). São tantas as possiblidades que apenas o contexto poderá ajudá-lo a delimitá-las.

Seja qual for a mensagem transmitida pelo Tarô de Marselha, nesse caso particular cabe-nos "cuidar" desses arcanos redundantes. Você deverá analisá-los como faria com qualquer outro binômio, sendo o primeiro arcano o substantivo, e o segundo, seu adjetivo qualificativo. No entanto, não se trata de ocultar o terceiro arcano constitutivo desse trinômio, pois ele está de fato ligado aos outros.

Importante: a leitura de um trinômio não obedece a uma regra de ouro nem a uma ordem preestabelecida, a partir do momento em que a mensagem que ele exprime é bastante clara. Assim, você poderá muito bem interpretar o trinômio A + B + C lendo A + C + B ou optando por B + A + C, B + C + A e até privilegiando C + B + A ou C + A + B. A liberdade de interpretação é importante o suficiente, de modo que você não ficará limitado a um sistema de leitura pré-fabricado e poderá dispor de seis combinações possíveis por trinômio. Cada uma delas é digna de credibilidade, uma vez que exprime toda a quintessência dos três arcanos constitutivos do trinômio estudado.

Embora toda essa contribuição teórica possa lhe parecer complicada – o que compreendo perfeitamente –, a prática lhe permitirá materializar esses elementos e se familiarizar com eles ao longo do tempo. Nunca se esqueça de que é fundamental dar livre curso às suas primeiras impressões e deixar-se guiar por sua intuição.

TIRAGEM EM CRUZ COBERTA

A tiragem em cruz coberta nos dá acesso a um terceiro nível de interpretação. Eu a aconselho a quem deseja dar sustentação à sua análise. O acréscimo de um arcano suplementar permite circunscrever cinco novos pares de binômios, aos quais convém atribuir grande importância. De fato, às vezes acontece de essa **terceira grade de leitura** modificar o sentido inicial de uma tiragem em cruz padrão. Essa tiragem em cruz coberta se apresenta conforme o modelo a seguir:

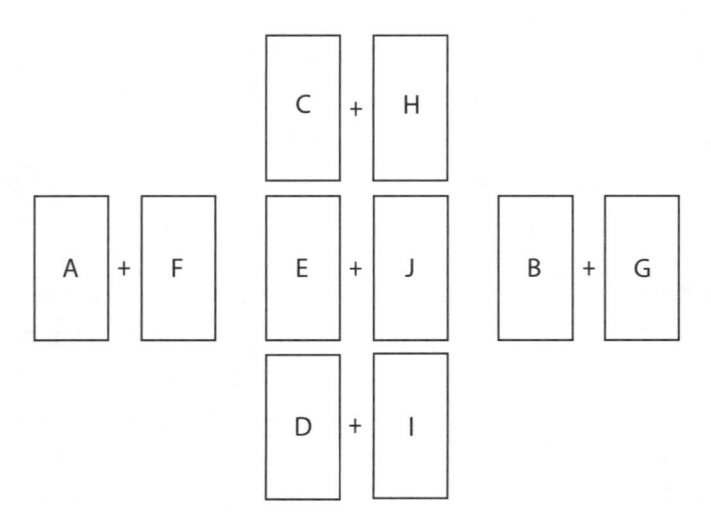

```
              ┌───┬───┐
              │ C │+│ H│
              └───┴───┘
┌───┬───┐  ┌───┬───┐  ┌───┬───┐
│ A │+│ F│  │ E │+│ J│  │ B │+│ G│
└───┴───┘  └───┴───┘  └───┴───┘
              ┌───┬───┐
              │ D │+│ I│
              └───┴───┘
```

Observação: é possível cobrir essa tiragem com um terceiro e, depois, um quarto arcano, criando sequências lineares em cada aspecto da tiragem. Entretanto, por querer cobri-la em excesso, a fim de tornar seu pensamento mais preciso, o iniciante corre o risco de se perder em detalhes pouco pertinentes. É um recurso a ser utilizado com moderação se você estiver iniciando a aprendizagem do tarô.

Nos casos práticos que proponho para estudo, tomei a precaução de decompor cada tiragem de maneira metódica, a fim de assimilar progressivamente cada grau de dificuldade. Assim, cada tiragem em cruz é subdividida de acordo com o seguinte ritual:

Coloração e tendência geral: tal como as tiragens em linha, trata-se de observar com atenção o código da cor e identificar eventuais arcanos emblemáticos, relativos à temática abordada. Esforçamo-nos para dar nossas primeiras impressões e identificar uma tendência geral.

Primeiro nível de interpretação: reproduz-se cada um dos cinco arcanos maiores, segundo sua posição na tiragem em cruz.

Segundo nível de interpretação: calculam-se os pontos cegos de acordo com o princípio da adição teosófica e procede-se a uma interpretação circunstanciada da tiragem em cruz estudada.

Terceiro nível de interpretação: cobrem-se os cinco arcanos anteriores com mais cinco, a fim de obter cinco novos pares de binômios, a serem analisados em seu contexto.

Para fins de clareza e com o intuito de facilitar o aprendizado do tarô, coloquei entre parênteses o número dos arcanos correspondente às palavras-chave usuais na interpretação circunstanciada. Assim, você não terá dificuldade para compreender os diferentes significados dos arcanos maiores, dependendo do contexto no qual os encontrar.

CASOS PRÁTICOS

Pergunta: Maxime vai me pedir em casamento?

Tiragem nº 127

Contexto: Aurélie me procurou em 2015 para saber se seu namorado, com quem vivia desde 2012, tinha a intenção de pedir sua mão.

Pedi-lhe para tirar cinco arcanos, que dispus da seguinte forma:

Coloração e tendência geral

Concentrando-me exclusivamente no código da cor, observo uma tiragem muito luminosa, bastante animadora, que utiliza sobretudo a gama das cores quentes: o belo Sol resplandecente, com cores cintilantes, inspira-me de imediato. Seu brilho reflete os trajes reluzentes, exibidos com orgulho pela Papisa e pelo Papa. No entanto, seria a vivacidade das cores suficiente para dar a tonalidade dessa tiragem em cruz? Também noto a presença do Papa reinando no topo dessa tiragem e evocando uma união abençoada dos deuses e até mesmo a felicidade conjugal e, como complemento, um casamento, o que *a priori* me parece um bom indício. Fico impressionado também com a coluna vertical, que me faz pensar na unidade familiar, ou seja, o pai (5), a mãe (2) e o filho (1). À primeira vista, todas as condições parecem reunidas para se orientarem na direção de um compromisso mais solene. Mas qual é a verdadeira mensagem? O que me diz esse Louco que foge? Tentemos ver com mais clareza.

Primeiro nível de interpretação

O arcano **19** em posição **A (em positivo)** materializa um casal apaixonado, unido por vínculos fraternos e, no mínimo, por uma grande cumplicidade amorosa. Nessa posição, a presença tranquilizadora desse arcano pitoresco prevê um casal cujos sentimentos são recíprocos. O grafismo também evoca duas crianças, e suspeito que eles já tenham filhos.

O arcano **22** em posição **B (em negativo)** simboliza sobretudo uma "fuga", uma instabilidade ou imaturidade emocional, uma necessidade insaciável de descobrir novos horizontes, de se perder em aventuras sem futuro, o fato de não perder tempo no caminho. Assim posicionado, nosso Louco representa justamente o que impediu nosso casal de evoluir até o presente, no caso, uma vida despreocupada e boêmia, sem obrigações reais. Nesse exemplo, o Louco materializa com muita clareza esse medo do compromisso, de perder a própria liberdade e a independência, das quais é o arcano emblemático. Deduzo que Maxime talvez tenha adiado a data em prol de sua vida de aventureiro.

O arcano **5** em posição **C (a meio percurso)** corrobora minha intuição inicial. O Papa, figura emblemática do casamento, exprime sozinho a seriedade que representa o compromisso amoroso. Simboliza uma união tanto religiosa quanto civil. Seu personagem se situa na oralidade, abre-se para a reflexão, convida ao debate, recebe conselhos. Suponho que essa prova de amor necessite, de fato, de uma boa dose de reflexão. Nesse caso, a presença do sumo pontífice nessa posição é um bom sinal, pois indica que a questão do casamento será levada à ordem do dia em pouco tempo. Será que eles trocarão a vida boêmia (22) por um compromisso mais formal (5)?

O arcano **1** em posição **D (no dia D)**, na atualidade do casal, logo indica um recomeço. O fato de tirar o arcano do Mago no dia "D" da consulta permite que se intua o projeto de um filho no período presente.

O arcano **2** em posição **E (no centro)** exprime o estado de espírito de Aurélie, no caso, seu desejo de ser mãe, uma vez que a Papisa é a "*mamma*" do tarô por excelência. Esse arcano também evoca a mãe, a madrasta ou a sogra da consulente, uma mulher madura e de confiança, a quem ela contaria sobre seu desejo de se casar. Por fim, o manuscrito da Papisa simboliza uma correspondência escrita que remete à publicação de proclamas e anúncios de matrimônio.

Segundo nível de interpretação

Com o objetivo de aperfeiçoar minhas previsões, decido calcular os pontos cegos dessa tiragem em cruz. Portanto, obtenho o esquema a seguir:

Ao percorrer o ponto cego do passado, constato que o arcano 20 está situado na interseção dos dois trinômios que formam o ponto cego do passado, o que logo me faz pensar na existência de um diálogo (20) do casal (19), *a priori* um bom presságio. Enquanto localizo nosso anjo protetor e sua trombeta no centro do trinômio 19 + 20 + 1, descubro-o cercado por dois dos arcanos maiores mais emblemáticos das crianças, respectivamente o Sol e o Mago. Parece-me, então, evidente que um projeto de filho (1) animou as conversas (20) do casal (19). Ao observar o segundo trinômio constitutivo da história passada de ambos, ou seja, a sequência linear 20 + 22 + 2, intuo que a consulente já teve de exprimir, em alto e bom som (20), sua intenção de evoluir (22) na vida e tornar-se (22) mãe de família (2). Percebo que os parceiros têm uma relação bem consolidada (19) e manifestam (20) a necessidade de vencer uma nova etapa (1) em sua vida de casal. Com a presença marcante do Mago imortalizando o momento da consulta no dia "D", que faz a ligação entre o passado e o futuro, suspeito que um novo (1) projeto de vida está na origem desse desejo de casamento, formulado pela moça. Ao analisar o ponto cego do futuro instantâneo, vejo claramente que esse projeto (7) de casamento (5) já está sendo bem estudado (2) ou preparado. O trinômio 1 + 5 + 22 enfatiza o fato de que Aurélie tomou a iniciativa (1) desse casamento (5), que a conduzirá a outra realidade (22). Minha leitura é a de uma nova etapa (1) a caminho (22) do casamento (5). Continuando minhas investigações no ponto cego do futuro em curto e médio prazos, logo observo que a situação se encaminha (22) para uma relação séria (5) e duradoura (9). O arcano da Força, situado bem no centro do trinômio 2 + 11 + 9, exprime uma intensa vontade (11) de se inscrever na duração (9), no longo prazo (9). Vemos uma mãe de família (2) que deseja (11) viver seu amor de maneira duradoura (9). Ao concentrar minha atenção na parte superior da tiragem, noto a presença do sumo pontífice reinando no topo dessa tiragem em cruz. O Papa assume uma dimensão sagrada e simboliza o casamento; portanto, ao que parece, esse projeto se delineia em um futuro bastante próximo. Nessa figura paterna, representada por esse sumo pontífice na imagem, seria Maxime pedindo a mão de Aurélie? Esse Papa indica um cerimonial, um ritual e, sobretudo, inspira um aspecto sagrado e solene na relação amorosa. Por fim, ao me dirigir ao ponto cego do futuro mais distante, já não tenho nenhuma dúvida quanto ao resultado dessa tiragem em cruz. Ele exprime uma incrível sequência de arcanos emblemáticos da vida amorosa. A começar pelo trinômio 5 + 6 + 19, que ilumina esse ponto cego e simboliza a união (5) de dois apaixonados (6) que vibram em uníssono (19). Esse trinômio pitoresco representa o amor sério (5), apaixonado (6) e sincero (19) de ambos. Noto sobretudo a presença reconfortante da Justiça, à espreita, "escondida" no centro de um dos dois trinômios. De fato, ela exprime um ato oficial (8), no caso, legaliza

(8) o sentimento dos apaixonados (6). Perto do Papa, a Justiça indica uma cerimônia (5) oficial (8), ou seja, um casamento. É possível distinguir nitidamente que a organização (5) desse evento oficial (8) reunirá os amigos (6) e a família (19); todos receberão um cartão (2) com o convite (6), em outras palavras, o anúncio do casamento. Portanto, comunico a Aurélie que, a menos que ocorra uma reviravolta no último minuto, Maxime se casará com ela em breve, uma imagem que coincide com o Papa dando sua bênção.

Terceiro nível de interpretação

Além de minha análise anterior, peço à minha interlocutora que cubra os cinco arcanos maiores existentes com outros cinco, formando cinco novos binômios. Dou início à leitura depois que ela os dispõe da seguinte forma:

O binômio **19 + 9** em positivo costuma evocar um casal (19) que se conhece de longa data (9) e, nesse exemplo, são parceiros (19) em busca de um relacionamento amoroso (19) duradouro (9). Em todo caso, eles exprimem claramente o fato de quererem continuar sua bela história de amor.

O binômio **22 + 4** em oposição reforça ainda mais o sentimento de insegurança comunicado pelo Louco. Em negativo, o Imperador indica uma falta de estabilidade emocional ou material e até mesmo o medo de se tornar pai (4) ou de assumir as realidades do cotidiano. Talvez Maxime tema construir (4) em bases sólidas por medo de não conseguir ser (4) um marido responsável.

O binômio **5 + 8** no meio do caminho exprime claramente uma cerimônia (5) oficial (8) e, no caso, um casamento. Uma associação que corrobora o que já foi descrito antes.

O binômio **1 + 10** no presente imediato indica uma nova (1) evolução (10) no casal. Esse binômio também evoca a chegada de um filho ao lar. Lê-se literalmente que uma criança (1) está a caminho (1), ou seja, sendo concebida (10).

O binômio **2 + 11** no centro da tiragem simboliza essencialmente uma mãe (2) coragem (11) ou uma mulher (2) determinada (11). A Força exprime aqui a vontade manifestada por Aurélie de fazer com que as coisas avancem. Contudo, como regra geral, o binômio 2 + 11, que apresenta dois personagens femininos de costas um para o outro, traduz uma verdadeira queda de braço entre duas mulheres opostas em tudo. Poderíamos ver a ingerência de uma mulher madura (2) na vida do casal? Não seria essa Papisa uma mãe ou uma sogra invasiva?

Retorno da interessada

De aliança no dedo, Aurélie voltou a me procurar um ano após nossa entrevista em razão de uma copropriedade familiar. Estava grávida de algumas semanas quando veio me consultar pela primeira vez. Esperava seu terceiro filho. Finalmente Maxime havia decidido se casar com ela apesar de uma instabilidade profissional que o assustava, pois trabalhava como profissional intermitente no setor artístico. Pensava não estar à altura e relutava em se comprometer por medo de decepcionar Aurélie. Como a sogra dela também se mostrou reticente ao ver o filho alçar voo e deixá-la por outra mulher, ela lhe contou sobre suas angústias. No fim, o casamento foi um sucesso que selou para sempre a união dos dois (assim esperamos!).

PERGUNTA: VOU SAIR DA DEPRESSÃO?

Tiragem nº 128

Contexto

Em 2015, Mireille me consultou em desespero. Perguntou-me se o seu estado psicológico melhoraria ou pioraria no futuro, pois ela sofria de uma grave depressão.

Coloração e tendência geral

Articulada em torno da Imperatriz, símbolo da mente e do intelecto, essa tiragem em cruz oferece um espetáculo de desolação, que reflete em grande parte a tristeza de minha interlocutora. De caráter predominantemente psicológico, essa cruz de cores pálidas não denota alegria. A Lua e seu claro-escuro sombreiam uma tiragem já bastante nebulosa. A Lua parece cristalizar as angústias da consulente, de modo que a vejo instintivamente como o espelho de sua alma, a encarnação de seus medos, escondidos ou reprimidos nas profundezas abissais de seu inconsciente. Por dominar o conjunto da tiragem, esse astro me faz pensar, sobretudo, em um estado melancólico, uma personalidade deprimida, uma cliente triste, atordoada, perdida na imensidão de seus problemas. A presença tenebrosa do Diabo "à espreita", à sua direita, remete a seus demônios internos. Penso que talvez ela esteja "dominada". Essa grande perturbação moral de que sofre Mireille é reproduzida pelo personagem do Louco, perseguido pelo estranho animal que o ataca. No entanto, estaria ela totalmente sozinha para enfrentar essa errância psicológica? Não creio. O Papa, que tem o olhar voltado para a Imperatriz – no caso, a consulente –, parece imbuído de boas intenções, benevolente e me faz pensar espontaneamente em um terapeuta, talvez sua salvação, sua redenção. Portanto, entremos por um instante nos meandros psicológicos dessa tiragem em cruz.

Primeiro nível de interpretação

O arcano 5 em posição A **(em positivo)** indica uma cliente educada, benevolente, aberta ao diálogo e receptiva aos conselhos alheios. Ela não hesita em consultar, solicitar a ajuda dos especialistas, em suma, ela se informa de maneira inteligente. Essa figura pontifical logo me faz pensar na existência providencial de um terapeuta no âmbito de um acompanhamento mais completo. À primeira vista, ela me parece protegida e com chances de sucesso.

O arcano **15** em posição **B (em negativo)** certamente exprime a angústia moral de Mireille, porém, mais um passado tempestuoso, fundamentado em frustrações. Assim posicionado na tiragem, esse arcano ilumina um percurso repleto de tensões exacerbadas, de cóleras retrospectivas. No caso, sua presença me faz pensar sobretudo em um estado de dependência, ligado à ingestão de psicotrópicos, neurolépticos ou antidepressivos. Intuo uma consciência alterada em razão dessa medicação. Vale notar que essa lâmina do tarô encarna as personalidades potencialmente psicóticas ou neuróticas, especialmente perto da Lua.

O arcano **18** em posição **C (a meio percurso)** exprime uma falta evidente de visibilidade no futuro da consulente e anuncia um futuro em médio prazo que parece bastante sombrio. Essa aparente melancolia sem causa definida, que manifestamente persiste em curto e em médio prazos e é reproduzida pela Lua e por sua coloração acinzentada, alimenta o pessimismo reinante. Mireille parece pairar na indefinição, como se estivesse prostrada nesse estado de melancolia. Contudo, a presença desse arcano emblemático da psicologia e dos distúrbios de personalidade que a ele se relacionam prevê uma futura psicoterapia. Vale notar que a Lua e seu halo muitas vezes deformam a visão da realidade.

O arcano **22** em posição **D (no dia D)** me indica uma interlocutora desorientada e cujo moral está seriamente comprometido no momento de nossa consulta. Por tradição, o Louco encarna os distúrbios e as desordens mentais; por isso, temos o costume de associá-lo à loucura. Sem cair nos extremos, pode tratar-se de um estado de saturação ou de uma forma de ciclotimia.

O arcano **3** em posição **E (no centro)** caracteriza o estado de espírito de minha interlocutora, no caso, uma mulher permanentemente mergulhada em seus pensamentos e que se move sobretudo no campo das ideias, *a priori* seu único meio de ação para tentar sair dessa depressão: ela reflete sem cessar, pensa em excesso, remói eternamente as mesmas reflexões. Nesse caso, suspeito que ela não consiga interromper o fluxo mental, de modo que a imagino muito bem sob a influência de distúrbios de origem psicossomática.

Segundo nível de interpretação

Ao percorrer o ponto cego do passado e seus dois trinômios, logo constato que Mireille (3) tem antecedentes (9) médicos (12) e intuo que sofra de uma doença (12) há muito tempo (9). Parece até que seu percurso passado (9) é marcado por consultas (5) médicas (12). Noto uma fadiga (12) cerebral (3) de longa data (9), de modo que desconfio que minha interlocutora esteja à beira da exaustão (9) moral (22). Seu presente é marcado por esse sofrimento psíquico (22), que exprime perfeitamente seu estado de tristeza. Contudo, sinto-me muito inquieto quando subo um pouco para o ponto cego do futuro instantâneo, pois descubro que Mireille atravessa (22) um novo ciclo (10) depressivo (13), que me indica claramente uma depressão (13) crônica (10). Ela parece remoer (10) constantemente ideias (3) negativas (13). Nesse contexto preciso, às vezes o próprio fato de encontrar os arcanos 22, 13 e 10 aglomerados no mesmo lugar anuncia veleidades suicidas; portanto, sou muito prudente ao falar sobre ela. Noto que ela entra (22) em uma forma de ciclotimia (10) que me permite supor a ingestão de antidepressivos (15) ou ansiolíticos. De fato, a presença do Diabo em posição negativa em uma tiragem sobre a saúde mental costuma anunciar o consumo regular de medicamentos que às vezes beira o hábito, tal como os dois diabretes dominados pelo Diabo. Sem dúvida esse Diabo exprime uma toxicidade, porém, nesse estágio, nada me permite afirmar com certeza um efeito alienante, ao qual a consulente já estaria habituada para tratar seus episódios de depressão. Esse Diabo sorridente, que se agita ostensivamente como para marcar seu intenso descontentamento, também me faz pensar em uma cólera reprimida, pronta a explodir. Haveria desentendimentos internos que justificassem sua atual angústia moral? Uma vez estabelecido esse diagnóstico, penso que o importante é ver se ela conseguirá se recuperar. Decido, então, fazer uma escala no ponto cego do futuro em curto e em médio prazos. Detenho-me por alguns minutos no arcano do Enamorado, que se encontra na fronteira dos dois trinômios. De repente, sou tomado por um lampejo, pois, como qualquer pessoa, associo esse arcano à vida emocional e afetiva e deduzo que, muito provavelmente, o estado depressivo de Mireille deve ser investigado (9) na afetividade (6). Suspeito que minha interlocutora reflita (3) sobre seu passado (9) amoroso (6). Vale notar que esse Enamorado tem dupla função, pois materializa ao mesmo tempo o âmbito sentimental *stricto sensu* e as dúvidas ou hesitações que nos acometem. Portanto, visualizo igualmente uma mulher (3) tomada por angústias (6) de origem (9) afetiva (6). Essa intensa dor (15) afetiva (6) que a consome é calada ou ocultada (18) em seu íntimo, tal como a Lua que nos mergulha na noite. A Lua, que também representa o mundo onírico, indica que Mireille costuma refugiar-se na ilusão dos sonhos, imaginando (18) um futuro melhor para escapar da realidade do cotidiano. A presença do Eremita (9) perto da Lua me faz pensar em um exame ou uma avaliação (9) psicológica (18), como uma psicoterapia, que remeteria ao olhar investigativo do analista (9), que, por sua vez, avalia os distúrbios e os sofrimentos (18) de minha cliente. Continuando minha incursão no nível do futuro mais distante, noto uma forma de "reequilíbrio" (8) de seu estado geral. Inicialmente, a presença repetida do Papa no trinômio 5 + 5 + 18 prevê uma consulta futura com um ou mais terapeutas (5); nesse sentido, é possível intuir uma série de consultas preparadas (5) por um especialista (5) em distúrbios cognitivos (18). Seu futuro em longo prazo me indica uma mulher (3) reequilibrada (8), orientada por seu psicólogo (5 + 18). Poderíamos dizer que esse profissional (5) realmente vai conseguir estabilizar (8) a saúde mental (3) de Mireille. Portanto, prevejo uma leve melhora de seu estado psicológico após uma confusão mental que levará muito tempo para se dissipar. Comunico a ela que somente o envolvimento coordenado de diferentes especialistas lhe permitirá sair de sua depressão em longo prazo.

Terceiro nível de interpretação

A fim de apurar minhas previsões, peço a Mireille para tirar mais cinco arcanos maiores, que disponho da seguinte forma:

O binômio **5 + 17** representa a consulta a especialistas (5) adeptos das terapias holísticas (17), que lhe recomendam (5) os benefícios da medicina alternativa (17), como a homeopatia ou a sofrologia. Com a Estrela, é preciso proporcionar-lhe tranquilidade, repouso, cuidado com o corpo e a alma, e permitir a ela que evolua em um ambiente sereno, sem estímulos externos.

O binômio **15 + 4** evoca um conflito latente (15) com um chefe despótico ou um companheiro tirânico (4), que seria a causa potencial de sua depressão. Suponho que a consulente se encontra sob o domínio demoníaco de um indivíduo tóxico, autoritário e violento. Em negativo, o Diabo traduz muito bem o conceito do perverso narcisista e do manipulador (15), do qual se faz porta-voz.

O binômio **18 + 9** me faz pensar em distúrbios psicóticos (18) intimamente ligados à sua história passada (9). Basta ver como o Eremita "dirige os holofotes" para a Lua, a fim de iluminá-la com sua luz, como para revelar os mistérios escondidos atrás desse espesso véu de nuvens. Comparo essa cena a uma sessão de psicoterapia e, no caso, ao fato de sondar (9) minha interlocutora até nas profundezas de seu inconsciente (18), a fim de lançar luz (9) sobre a natureza exata de seus tormentos (18).

O binômio **22 + 10** exprime o moral oscilante de minha interlocutora no momento de nosso encontro. Ela parece presa a uma forma de ciclotimia, de instabilidade mental. Portanto, bem ou mal, Mireille segue seu caminho (22) com uma impressão de *déjà-vu*, de girar em círculos (10).

O binômio **3 + 20** ilustra o retrato de uma mulher (3) de comunicação (20), que *a priori* parece sentir a imperiosa necessidade de exprimir sua angústia ou de se abrir com quem a cerca. Essa combinação de arcanos corrobora a tese segundo a qual a consulente provavelmente passa por uma psicoterapia.

Retorno da interessada

O abatimento de Mireille não era resultado de um coração partido nem de um problema qualquer de ordem afetiva, como eu havia suposto no início. Na realidade, havia mais de oito meses ela sofria os abusos e os ataques repetidos de um chefe de departamento intragável. Ela se sentia tão desvalorizada em seu trabalho que acabou adoecendo. Atualmente, está de licença médica (12) de longa duração (9) por depressão e ainda se sente muito angustiada ao pensar em voltar a trabalhar e se encontrar diante de seu carrasco (4). Em um primeiro momento, teve de consultar um médico (5) psiquiatra (22), que lhe prescreveu doses elevadas de antidepressivos e ansiolíticos. A psicanálise também a ajuda a se recuperar. Disse-me que se sente mais "zen" (17), porém não totalmente curada. Paralelamente, indica que já consultou (5) um advogado (8) e pensa em entrar com uma ação na justiça por assédio moral.

PERGUNTA: VAMOS CONSEGUIR VENDER NOSSO *MOTORHOME*?

Tiragem nº 129

Contexto: Jean veio me consultar em abril de 2016. Ele desejava saber se conseguiria vender seu *motorhome* naquele ano, pois nem ele nem sua esposa tinham recursos para manter esse veículo, que adquiriram em comum havia mais de dez anos e ao qual eram muito ligados.

Coloração e tendência geral

Essa tiragem em cruz apresenta um festival de cores, com uma predominância do vermelho. Nela notamos muitos personagens, a exemplo do trio central, ilustrado pelo Enamorado, bem como potenciais compradores. Creio reconhecer de passagem nosso casal de recém-aposentados materializado respectivamente pelo Papa e pela Papisa. O fato de encontrá-los nessa cruz me faz pensar em uma atitude proativa, um real envolvimento no processo de venda. Seu *motorhome* é simbolizado pela parelha frágil que conduz o cavaleiro; portanto, sua presença em negativo denota uma preocupação comum. Quanto à presença imperial dessa mulher coroada, que reina sobre o conjunto da tiragem, muito provavelmente ela anuncia processos administrativos, relativos à venda do veículo. De acordo com minhas primeiras impressões, deduzo, sem exageros, que o *motorhome* será vendido em breve.

Primeiro nível de interpretação

O arcano 5 em posição **A (em positivo)** ilustra Jean como um homem confiante, sério e de natureza conciliadora, um indivíduo ponderado, inclinado a fazer concessões se as circunstâncias o exigirem. O arcano do Papa anuncia ações organizadas e pensadas. Portanto, a decisão de vender foi bastante amadurecida.

O arcano 7 em posição **B (em negativo)** indica claramente que esse *motorhome* é a causa de uma problemática ou de uma disfunção qualquer. Por estar mal posicionado nessa tiragem em cruz, o Carro, que de resto é o arcano emblemático dos transportes terrestres, ressalta automaticamente a presença de problemas de ordem mecânica ou ligados à manutenção do veículo.

O arcano 3 em posição **C (a meio percurso)** certamente representa um primeiro contato feminino, mas sobretudo as correspondências e outros procedimentos administrativos, ligados ao *motorhome* (os documentos do veículo, sua origem, seu certificado de registro e seu licenciamento etc.). Esse arcano prevê assinaturas ou a elaboração de um documento.

O arcano **2** em posição **D (no dia D)** materializa a imprensa escrita e, nesse caso, um pequeno anúncio inserido em um *site* ou em uma revista especializada.

O arcano **6** em posição **E (no centro)** simboliza o círculo de amigos, a família e, em especial, os parentes colaterais, mas sobretudo as visitas e os potenciais compradores que nos são apresentados. O Enamorado, que costuma indicar afeto e emoções, evoca aqui o valor sentimental, representado por esse *motorhome* para o casal de aposentados.

Segundo nível de interpretação

Ao mergulhar na leitura do ponto cego do passado, compreendo que o casal de recém-aposentados, respectivamente o Papa e a Papisa, permanece muito ligado ao *motorhome*. A presença do veículo, inserido entre esses dois personagens do tarô, no centro do trinômio 5 + 7 + 2, indica que ele é "partilhado" pelos dois senhores. A partir de então, compreendemos as dúvidas (6) que eles sentem ao ter de renunciar (13) a esse veículo (7). Quando o assunto é automóvel, o Arcano sem Nome costuma materializar uma avaria (13), como uma pane ou um pneu furado, e às vezes até mesmo o pátio para onde são levados os veículos guinchados. Aparentemente, o veículo já teria causado aborrecimentos aos vendedores no passado. Ao observar a Papisa, sentada na parte inferior dessa cruz, intuo que o livro colocado em seus joelhos remete aos pequenos anúncios encontrados nas revistas especializadas e que indicam, ao mesmo tempo, que o *motorhome* já apareceu na imprensa escrita no dia "D" da consulta. Ao observar a coluna vertical de nossa tiragem em cruz, compreendo que esse anúncio (2) atrairá (6) uma moça (3). Ao retomar o curso de minha análise de maneira cronológica e subir um pouco para o futuro imediato, logo noto que o anúncio (2) em questão dará lugar a negociações (15) referentes ao preço do veículo (7). Observa-se o encontro de potenciais compradores (6), que tentam negociar (15) o preço para reduzi-lo (9). O trinômio 6 + 9 + 15 me faz pensar sobretudo na angústia (6) de Jean e de sua esposa, que são obrigados a vender esse *motorhome* devido a uma diminuição (9) de seus recursos financeiros (15). Fazendo escala no futuro em curto e em médio prazos, constato que o arcano 10, emblemático do automóvel e da mecânica, encontra-se nas fronteiras dos dois trinômios. Esse ponto cego engloba um verdadeiro léxico ligado ao automóvel: nele distinguimos sobretudo nosso veículo (7) perto do binômio 10 + 16, que poderíamos traduzir literalmente pela "casa (16) dos automóveis (10)", representando ora as concessionárias (16) de automóveis (10), ora as oficinas, incluindo de modo mais geral tudo o que "roda" (10). Na realidade, o arcano 10, em razão de sua forma oval, simboliza uma roda ou uma correia, enquanto a lâmina 16 está em analogia com o habitáculo e a carroceria do veículo. Esta costuma remeter aos acidentes de trânsito, à ideia de "lataria amassada": presumo, portanto, que peças (10) devem ser trocadas e reparos (16) são previstos. Também desconfio de conversas (6) relativas à revisão do *motor-home* ou à sua revisão técnica (10) como o centro das negociações (6). Portanto, naturalmente pode tratar-se da compra (10) do veículo (7) por uma oficina mecânica (16) ou por uma concessionária (16). Seja como for, noto uma redução significativa (16) da cotação (10) do veículo nas tabelas oficiais e, portanto, de seu preço de revenda. O trinômio 6 + 16 + 10 me faz pensar espontaneamente em uma oportunidade (10) repentina (16), vinculada a amigos ou membros da família (6), em uma visita (6) "apaixonada" (16 = amor à primeira vista) pelo veículo (10). Na verdade, creio sobretudo que se trata do retorno (10) inesperado (16 = imprevisto) de jovens (6) que já visitaram o *motorhome*, ou seja, de uma segunda visita. Seja qual for o cenário considerado, as coisas se aceleram (10) de maneira inesperada (16), de modo que uma assinatura (3) parece delinear-se no horizonte. Antes de tudo, a Imperatriz evoca uma mulher. Seria ela a futura compradora? Ao pesquisar o ponto cego do futuro distante, noto de maneira insistente a presença do arcano dos contratos e das assinaturas (8) no centro dos dois trinômios que formam esse ponto cego. Nele se observa principalmente um ato de venda (8) entre uma mulher (3) e nosso interlocutor (5). Quanto ao trinômio 8 + 14 + 6, ele é categórico e não deixa nenhuma dúvida sobre a conclusão da tiragem: indica as últimas negociações (6), no caso, opta-se (6) por discutir (14) o preço (8). Note-se de passagem que o binômio 8 + 14 representa dignamente as operadoras (14) de caixa (8), que de fato implicam uma ideia de tarifas e trocas entre um comprador e um vendedor (14), uma vez que esse mesmo arcano maior é bastante representativo do comércio de importação e exportação. Anuncio a Jean que ele vai conseguir vender seu *motorhome* sem muita dificuldade, desde que reduza (16) o preço de maneira significativa, pois seu veículo é antigo (9) e necessita de reparos (16).

Terceiro nível de interpretação

O binômio **5 + 11** ressalta que nosso interlocutor tem convicções, demonstra sua vontade. Portanto, o consulente passa à ação e enfrenta os problemas com determinação, após consulta e reflexão.

O binômio **7 + 9** evoca um antigo *motorhome* ou um modelo ultrapassado; exprime a ideia de algo desgastado ou obsoleto.

O binômio **3 + 8** prevê assinaturas, um ato de venda ou a necessidade de fornecer documentos oficiais, relativos à compra. A presença combinada de dois personagens femininos leva a pensar que será uma mulher a comprar o *motorhome*.

O binômio **2 + 21** exprime o recurso a uma revista destinada ao grande público ou a uma ampla rede de difusão. A Papisa me informa que a mulher de Jean cuida do aspecto publicitário e da divulgação do anúncio em questão.

O binômio **6 + 10** materializa as futuras visitas e até mesmo as revisitações (a Roda da Fortuna traduz essencialmente a ideia de recorrência e, portanto, de retorno). O Enamorado evoca amigos ou membros da família, jovens interessados em automóvel e mecânica (10). Em todos os casos, uma verdadeira dinâmica resulta desse binômio.

Retorno dos interessados

Jean e Monique, sua esposa, conseguiram vender (8) o *motorhome* graças a uma amiga (3) da família, que conversou com amigos (6), com os quais havia saído de férias no verão anterior e que procuravam um *motorhome*. O casal teve de baixar consideravelmente o preço do veículo, pois a revisão técnica previa reparos caros, ligados em parte à deterioração do veículo. Como precisavam do dinheiro com rapidez para reformarem sua casa, não tiveram muita escolha a não ser dar um bom desconto.

PERGUNTA: VOU GANHAR MEU PROCESSO?

Tiragem nº 130

Contexto

Michel, 54 anos, consultou-me no início de 2013 a respeito de uma ação judicial que ele desejava mover contra seu ex-empregador. Perguntou-me se tinha bons fundamentos para se lançar em todos os procedimentos jurídicos. Desse modo, pedi-lhe para tirar cinco cartas, que dispus da seguinte forma:

Coloração e tendência geral

Fiel a meu hábito, começo a colher minhas primeiras impressões sem demora. Nem sombria, nem luminosa, essa tiragem oferece uma bela harmonia de conjunto, glorificada pela presença de lâminas positivas em sua totalidade. O arcano 20 em A prevê, *a priori*, um veredito favorável, enquanto o arcano 8 em negativo me faz pensar em discordâncias salariais. O Diabo, que aparece no topo dessa tiragem em cruz, anuncia alguns conflitos latentes e iminentes, mas também exprime a agressividade e a motivação de Michel. No centro, a presença do Carro evoca espontaneamente um processo que ocorre no campo profissional. Apenas o Louco no presente indica um estado de espírito oscilante.

Primeiro nível de interpretação

O arcano **20** em posição **A (em positivo)** me faz pensar espontaneamente em um veredito favorável. Esse arcano sugere que muitos argumentos jurídicos estão a seu favor. O Julgamento é o arcano emblemático da Justiça. Colocada em A, essa lâmina de tarô me indica que a solicitação do consulente está bem fundamentada. À primeira vista, fico otimista em relação à sequência dos acontecimentos. Se Michel recorrer ao Tribunal do Trabalho, ganhará seu processo.

O arcano **8** em posição **B (em negativo)** semeia dúvidas. Poderíamos muito bem imaginar uma justiça pouco clemente em relação ao consulente. Posicionada nesse local, a Justiça evoca essencialmente imbróglios administrativos e conflitos salariais. Remete a um vício processual, a um contrato doloso, a salários não pagos etc. O arcano da Justiça materializa aqui um bloqueio ligado a indenizações, uma divergência relativa a uma quantia (8).

O arcano **15** em posição **C (a meio percurso)** prevê conflitos latentes em curto e em médio prazos. O Diabo dita o ritmo dessa tiragem e se posiciona de imediato no terreno das negociações. Intuo, portanto, que o consulente se orienta para uma transação financeira com seu empregador.

O arcano **22** em posição **D (no dia D)** me informa que Michel quer prosseguir. O Louco também indica uma forma de assédio moral, um indivíduo profundamente ferido.

O arcano **7** em posição **E (no centro)** situa a ação jurídica no âmbito profissional. Esse arcano também informa a respeito do estado de espírito do consulente: ele insufla energia e dinamismo ao conjunto da tiragem. É bem provável que Michel decida ir até o fim do processo.

A fim de sondar as profundezas abissais dessa tiragem, parto para a conquista dos quatro pontos cegos. Após o cálculo, obtenho o seguinte esquema:

Segundo nível de interpretação

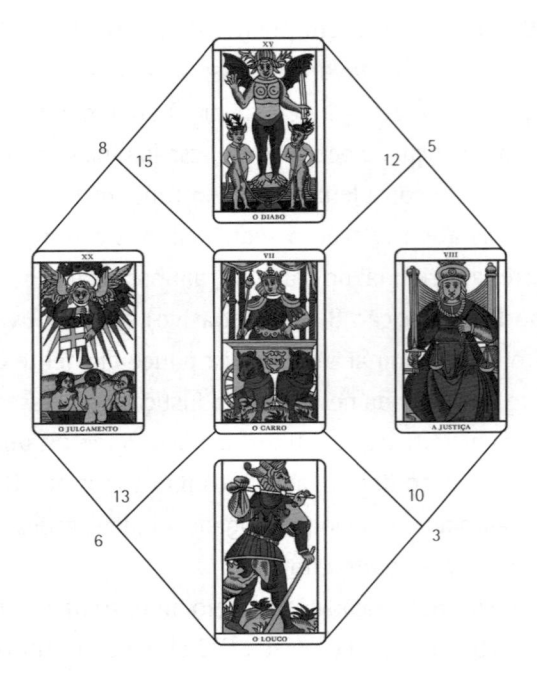

Ao percorrer o ponto cego do passado, constato um conglomerado de arcanos, que me orienta diretamente para uma rescisão contratual (13). A princípio, observo as angústias (6) ligadas a uma interrupção (13) do trabalho (7). Supressão (13) de cargos (7), acompanhada por saídas (22), foram anunciadas (20) às equipes (6) de trabalho (7). A presença do binômio 13 + 22 é enfática, na medida em que ele prevê sistematicamente uma onda de rescisões contratuais. O Louco apresenta o retrato de um consulente que tem a impressão de ter sofrido um abuso. Portanto, pressinto que Michel foi vítima de uma rescisão contratual (13) abusiva (22). No entanto, ele parece decidido a se recuperar (10) e seguir em frente (22). O ponto cego do presente (ou do futuro iminente) me faz pensar no envio (22) de correspondências (3) administrativas (8)

com aviso de recebimento (8), relativas a indenizações (8) e, em especial, a uma retrocessão (10). Trata-se de calcular (8) as indenizações (8) com efeito retroativo (10). Intuo que em breve Michel vai encontrar uma mulher (3) advogada (8) para fazer com que sua situação evolua (10) em prol de seus interesses. Portanto, seu momento atual parece sobrecarregado. Ao subir para o futuro próximo, noto uma consulta (5) médica (12). Ao que parece, trata-se de uma consulta a seu clínico (5) geral (12) ou a um médico (12) do trabalho (7). Seja como for, percebe-se que Michel constitui um histórico (5) médico. Pressinto que recebe tratamento médico em decorrência de um estado depressivo (22 + 13 no passado). Por experiência, também sei que o arcano 12 materializa uma traição, no caso, uma traição (12) profissional (7). De todo modo, esse Pendurado me faz pensar espontaneamente em um bloqueio e em uma estagnação nos meses que estão por vir. Portanto, aviso a Michel que em breve ele se encontrará em uma situação bem parecida com a atual (12). Entretanto, logo o tranquilizo quanto ao desenrolar de sua história: ao me projetar em seu futuro mais distante, constato com satisfação que negociações (15) salariais (8) estarão na ordem do dia. Se Michel levar o caso para o Tribunal do Trabalho, obterá indenizações financeiras (8) ao final de uma decisão (20) da justiça (8). À luz desses indícios, incentivo Michel a tentar uma negociação (15) e, caso ela não ocorra, a tomar medidas para obter reparação. Asseguro-lhe de que ele terá ganho de causa e receberá uma indenização correspondente ao dano sofrido. Prevejo um desenlace para julho (7) ou agosto (8), datas em que noto a presença repetida do Diabo, arcano emblemático do dinheiro e das transações financeiras.

Terceiro nível de interpretação

Com o intuito de aprimorar minhas previsões, peço a Michel que extraia cinco novas lâminas de tarô, a fim de cobrir as anteriores. A tiragem se apresenta, então, como segue:

O binômio **20 + 5** em positivo me faz pensar em argumentos jurídicos (20) esclarecidos (5). À primeira vista, parece que Michel tem uma natureza mais conciliadora (5) e acredita firmemente nas virtudes do diálogo (20). Suas palavras (20) são pertinentes e cautelosas (5). Na eventualidade de um conflito, ele se beneficiará com uma verdadeira imunidade (5) no plano jurídico (20). Esse binômio também indica um julgamento clemente.

O binômio **8 + 12** em negativo revela um bloqueio (12) financeiro (8). Prevê um atraso (12) de pagamento (8) ou um desvio financeiro qualquer. No caso, presumo que seja a expressão de um contrato (8) doloso (12).

O binômio **15 + 19**, a meio percurso, anuncia um acordo (19) transacional (15). Tenta-se encontrar um campo de entendimento (19) sobre o valor das indenizações (15). Diante dessa conjunção de arcanos, presumo que Michel não terá de entrar na justiça. Provavelmente fará um acordo.

O binômio **22 + 3** no presente imediato evoca espontaneamente o envio (22) de correspondências (3). Esse binômio também indica a presença de uma mulher (3) nesse processo transacional.

O binômio **7 + 13** no centro da tiragem é inequívoco: exprime tanto uma interrupção (13) do trabalho (7) quanto fortes tensões (13) no nível profissional (7). Demonstra, sobretudo, a que ponto nosso consulente está disposto (7) a brigar (13).

Retorno do interessado

Michel logo me informou a respeito de sua situação. Lembrou-me do contexto da consulta e que havia sido vítima de uma rescisão contratual abusiva. Foi insultado devido a erros (12) que ele não havia de modo algum cometido. Anunciou ter conhecido uma advogada (3) à qual confiara seu caso. Ela enviou (22) uma correspondência (3) jurídica (20) ao ex-empregador dele, com o qual a comunicação (20) havia sido interrompida (13) vários meses antes. Após três meses de silêncio e a ameaça crescente de levar o caso para o Tribunal do Trabalho, ele foi convidado a reunir-se para uma negociação (15). Ao final de um verdadeiro *tour de force*, sua advogada conseguiu regularizar sua situação financeira, fazendo com que ele recebesse uma boa quantia se desistisse da ação. Ele me agradeceu calorosamente e me assegurou que nosso encontro lhe fez muito bem, tanto no nível moral quanto no aspecto humano.

Observação: extraí esse penúltimo caso prático de meu *Tarot de Marseille: Guide de l'utilisateur*, publicado em março de 2014 pela editora Trajectoire, em razão do interesse técnico que ele apresenta. Convido todos que desejarem continuar o estudo das tiragens em cruz a consultar a obra citada em referência, pois ela detalha outros onze casos práticos, pertencentes a diversos campos.

Pergunta: Consegui passar no concurso para auxiliar de enfermagem?

Tiragem nº 131

Vou relatar agora um "caso escolar", que me foi submetido por uma participante de um de meus cursos. Ela me pediu para olhar uma tiragem em cruz que não havia entendido, uma tiragem tomada de empréstimo do "Fabuloso Fórum de Tarô", no qual estava inscrita.

Contexto: a internauta em questão havia postado essa tiragem em 14 de setembro e aguardava os resultados para o dia 18 do mesmo mês. A tiragem se apresentava da seguinte forma:

Ao observar essa tiragem em cruz, há de se constatar que ela não é das mais alegres, uma vez que as cores são pálidas no conjunto. Noto sobretudo a presença do esqueleto no topo da tiragem, como se a decapitasse. À primeira vista, a morte dá a impressão de uma recusa, de um fracasso total no exame. Contudo, observa-se um estado de espírito combativo, encarnado pela Força. Portanto, sente-se uma profunda vontade de ter sucesso nessa prova. A Estrela me faz pensar espontaneamente nos cuidados e na propensão a aliviar o sofrimento alheio e a curar outras pessoas, *a priori* um bom presságio. O Carro em negativo me indica uma problemática ligada ao trabalho, muito provavelmente pelo fato de a internauta já não sentir prazer em seu emprego atual, o que justificaria seu interesse por esse concurso. Mas o que se passa na realidade?

Nota: entre os participantes desse curso de tarô, todos menos um concluíram que a consulente não passaria no exame e argumentaram que o Carro em negativo previa uma falta de preparo para esse concurso (a pessoa em questão não teria estudado o suficiente) e que a morte no topo da tiragem anunciava uma recusa categórica. Em contrapartida, a participante, que soube neutralizar a "armadilha", compreendeu muito bem que era preciso concentrar-se essencialmente no espaço-tempo dedicado ao futuro instantâneo.

Na realidade, a internauta passou no concurso de auxiliar de enfermagem sem dificuldade. Com efeito, o Arcano sem Nome empoleirado no alto da tiragem em cruz reivindica uma mudança "de estado", uma metamorfose consecutiva à obtenção do famoso "abre-te sésamo". Explico:

A ARMADILHA

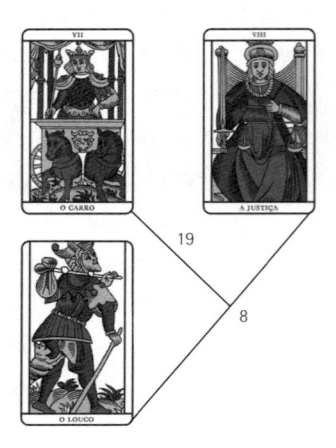

A tiragem em cruz foi realizada em 14 de setembro, e os resultados saíram em 18 de setembro, ou seja, apenas quatro dias após a postagem dessa tiragem. Por conseguinte, o resultado do concurso deveria ser buscado no ponto cego do futuro imediato. O restante da tiragem em cruz nos informa somente a respeito dos acontecimentos posteriores à obtenção do diploma de auxiliar de enfermagem.

Uma vez integrada essa cronicidade, é inútil interpretar o conjunto dessa tiragem em cruz para ver delinear-se a resposta para nossa interrogação. Basta focar no ponto cego desse futuro instantâneo a fim de descobrir a resposta para nossa pergunta, a saber:

Ao decompor esse futuro imediato (ou seja, entre 0 e 15 dias, no máximo), notamos a presença dos trinômios 1 + 8 + 7 e 11 + 19 + 8. O arcano 8, situado na interseção dos dois trinômios, demonstra o caráter oficial do exame e, sobretudo, o fato de que se trata de um exame do serviço público (8). De modo geral, a presença do binômio 19 + 8 é um bom sinal, seja qual for o contexto no qual é encontrado.

Ele evoca, sem distinção, a ratificação de um protocolo de acordo, a assinatura de um compromisso de venda, uma homologação, uma aprovação legitimada. Transposto para a escala do nosso trinômio, a sequência linear 11 + 19 + 8 comporta três palavras-chave que convém extrair: o sucesso (11), a aprovação/o acordo (19) e o diploma oficial (8). No caso, esse trinômio traduz um **sucesso** (11) **estrondoso (19) em um concurso do serviço público** (8). O outro trinômio fala mais de um novo (1) contrato (8) de trabalho (7), o que abre novos horizontes para essa internauta, depois que ela receber o diploma.

Na verdade, o Arcano sem Nome representa as consequências da obtenção desse diploma. Nele vemos uma mudança radical, uma metamorfose completa. Com efeito, ao percorrermos o futuro em curto e em médio prazos, notamos a presença do trinômio 7 + 20 + 13, que indica o fim de uma etapa, o anúncio (20) de uma ruptura (13) de trabalho (7). O Carro em negativo exprime o trabalho atual dessa internauta, um emprego no qual ela deixou de progredir. O fato de passar nesse concurso lhe proporciona um novo contrato de trabalho, que leva a uma mudança quase imediata em seu cargo atual. Assim, ela comunica (20) que deixará (13) seu trabalho (7) por uma realidade totalmente diferente.

O futuro mais distante corrobora essa interpretação. Em um piscar de olhos, noto de imediato a profissão de auxiliar de enfermagem. Vejo que se delineiam, respectivamente, o arcano 14, a Temperança, que representa os auxiliares de enfermagem, e o arcano 17, que representa as enfermeiras, ambos facilmente intercambiáveis. Esses dois arcanos estão presentes no ponto cego desse futuro distante. Desse modo, é fácil compreender que a internauta acabará trabalhando como auxiliar de enfermagem. Olhando mais de perto, você também constatará que a internauta (3) está situada nas fronteiras dos trinômios 13 + 3 + 17 e 3 + 14 + 11. Observe como ela está próxima dos dois arcanos mais significativos da profissão de auxiliar de enfermagem.

Observação 1: de modo geral, o arcano emblemático dos concursos e das formações é simbolizado pelo Papa. Em contrapartida, a Justiça encarna automaticamente os empregos do serviço público e, portanto, todos os concursos estatais.

Observação 2: essa pergunta não necessitava de uma tiragem tão elaborada; uma tiragem simples teria sido mais do que suficiente para respondê-la. A tiragem em cruz pressupõe uma cronologia dos acontecimentos mais complexos, passados, presentes, do futuro próximo e distante, e nos oferece uma evolução completa. Portanto, nesse caso clássico, ela nos fornece o resultado do concurso e a sequência.

COMPLEMENTO

O direito ao erro

Quem pode se vangloriar de nunca ter se enganado? Quantos de nós não sentiram, de repente, a vontade de abandonar uma tiragem que lhes parecia hermética? Ao se dizer que "errar é humano", prova-se justamente que sempre se pode melhorar. Apesar dos anos de prática, algumas vezes eu mesmo tomei o caminho errado, mas o principal é saber reconhecer o próprio erro para corrigi-lo. Comparo o aprendizado do tarô ao de uma língua estrangeira, com seus códigos e seu universo cultural. Apenas a prática no local e os erros cometidos permitem progredir. Não se deve ter medo de cometer gafes, pois o importante é compreendê-las e corrigi-las.

Por experiência própria e de acordo com as consultas que já realizei, a maior dificuldade em tarologia consiste em compreender um arcano de tarô segundo seu contexto. Na maioria das vezes, a ele se atribui um pensamento único, muito distante da realidade, em especial porque muitas obras são exclusivamente teóricas e veiculam lugares-comuns em excesso, o que explica o alto índice de erros entre os estudantes de tarologia. Por isso, é indispensável conhecer bem a primeira parte deste livro antes de se lançar em interpretações aproximadas. Um arcano é polissêmico, nunca se resume a um único significado.

APÊNDICE

CALCULANDO O PRÓPRIO ANO PESSOAL

A contribuição da numerologia se revela uma arma poderosa na adivinhação, em especial no preâmbulo de uma consulta de vidência. Eu a utilizo sistematicamente para compreender a energia na qual se encontra o consulente no momento da consulta. É um pouco como "tomar o pulso" do seu cliente no dia "D" da sessão.

Ao contrário do cálculo do percurso de vida, que requer o conhecimento do ano de nascimento, o ano pessoal utiliza apenas o ano em curso, no caso, 2016.*

O modo de cálculo do ano pessoal é muito simples: ele é obtido graças à adição teosófica, ou seja, à redução da data de nascimento do consulente (mês e dia) e do ano em curso a um número compreendido entre 1 e 9.

---

* Ano em que o livro foi publicado originalmente. (N.E.)

EXEMPLOS

- Tomemos o caso de uma pessoa nascida em 21 de setembro, sob o signo de Virgem.
  Seguindo o princípio enunciado acima, basta adicionar o 21 ao 9 e ao ano 2016, cuja redução dá 9. Portanto, somaremos o 3 (redução de 21) ao 9 (mês de nascimento), depois ao 9 (ano em curso) para obter 21, que reduziremos novamente, a fim de obter um número compreendido entre 1 e 9, no caso, **3**. Assim, essa pessoa entrará no ano **3** em seu aniversário, ou seja, no próximo dia 21 de setembro. Isso significa que, atualmente, ela está no ano **2** até a data do seu nascimento.

- Para uma pessoa nascida em 29 de novembro, sob o signo de Sagitário.
  Seguindo o mesmo modo de cálculo e o princípio da adição teosófica, acrescenta-se 2 (redução de 29) a 2 (redução de 11 para o mês de novembro), depois a 9 (redução do ano 2016). Depois de estabelecidos os cálculos, chega-se ao valor **4**. Portanto, essa pessoa de Sagitário se prepara para entrar no ano **4** em seu próximo aniversário e atualmente se encontra no ano **3**.

- Para uma pessoa nascida em 9 de dezembro, sob o signo de Sagitário.
  Ao reiterar a operação anterior, convém acrescentar 9 (o dia do aniversário) a 3 (redução de 12 para o mês de dezembro), depois a 9 (redução do ano 2016). A soma desses diferentes valores dá **3**. Em outros termos, essa pessoa chegará ao ano **3** em seu próximo aniversário; portanto, atualmente está atravessando o ano **2**.

Cada ciclo é composto por nove anos, em perfeita analogia com as nove primeiras lâminas do Tarô de Marselha. Com efeito, o ano 1 marca o início de um ciclo, tal como o Mago, que simboliza o nascimento, e o ano 9 encerra esse ciclo, à imagem do Eremita, que chega ao crepúsculo de sua vida.

Atenção: seu ano começa exatamente na data do seu aniversário. Desse modo, o ano pessoal abrange o espaço-tempo de um ano, cujo período é escalonado de uma data de aniversário à outra. Parto do princípio básico de que os astros se posicionaram em seu céu astral no dia de seu nascimento e que, portanto, é incoerente fazer o ano pessoal começar no dia 1º de janeiro se você veio ao mundo no dia 21 de junho. Apenas quem nasce em 1º de janeiro, sob o signo de Capricórnio, inicia o ano pessoal no começo do ano.

Segue, então, uma lista que retoma o teor dos nove anos pessoais em forma de palavras-chave, como fiz para os 22 arcanos maiores no início desta obra. Cada ano engloba um tema dominante, tal como as 12 casas astrológicas. Essa lista não é exaustiva, mas estabelecida com base em dados e informações recorrentes, que pude observar nos últimos 15 anos.

Essa classificação é fruto de milhares de consultas, resultantes de meu cotidiano como tarólogo, e não um "copiar-colar" obtido neste ou naquele fascículo de numerologia, por mais elaborado que seja. Minha intenção foi aproximá-la o máximo possível da realidade. Obviamente, raros são os indivíduos que reúnem todas as palavras-chave no mesmo ano.

De modo geral, 1, 2 e 3, chamados de "início de ciclo", são anos de construção ou reconstrução mais favoráveis, enquanto 7, 8 e 9 são anos de questionamento em diferentes níveis da vida. Por certo, sempre haverá uma exceção que confirmará a regra. Por exemplo, você descobrirá que o ano 3 é um dos melhores no plano amoroso, enquanto para os casados ele costuma representar o ano em que se conta um número muito elevado de divórcios. À imagem da vida e de suas vicissitudes, não existe um ano "perfeito".

OS ANOS PESSOAIS

Ano 1 em analogia com o **Mago** (início, novos projetos, aprendizagem, ousar seguir em frente, criatividade).

Palavra dominante: atividade.

Palavras-chave: reinício; iniciativas; assumir riscos; nova atividade; promoção; novo ciclo; formular as próprias vontades; afirmar-se; novo encontro afetivo (muitas vezes com uma pessoa distante geograficamente).

Observação: se você começar esse novo ciclo com seu parceiro habitual e a convivência tiver sido acalorada nos anos anteriores, vocês terão de se dedicar a um projeto de união (filhos, casamento, mudança de moradia) para salvar seu relacionamento. Sem isso, ele desabará como um castelo de cartas.

Ano 2 em analogia com a **Papisa** (livro, gestação, segredo, intuição, traição, feminino).

Palavra dominante: segredo.

Palavras-chave: estudos; estágios; textos; amadurecimento de projetos; aprofundamento de conhecimentos; problema com as mulheres (mãe, filha, chefe); traição; adultério; descoberta de elementos escondidos, de mentiras, de uma patologia; noção de segredo.

Ano 3 em analogia com a **Imperatriz** (talentos relacionais, inteligência e pensamento criativo, expressão).

Palavra dominante: relacional.

Palavras-chave: esforços recompensados; promoção; abono; círculo relacional favorável a seus projetos; ajuda de mulheres; período positivo; publicidade; jornalismo; as pessoas vão até você; redes sociais; reconciliações familiares e afetivas; encontro amoroso sério; ano de casamento para solteiros, mas de divórcio para os casados; cirurgias frequentes, mas protegidas.

Ano 4 em analogia com o **Imperador** (trabalho, coragem, concreto, autoridade, estrutura, limitações).

Palavra dominante: materialidade.

Palavras-chave: restrições orçamentárias; processo; problemas fiscais; problemas materiais; aparelhos em pane; bloqueios de todo tipo; problemas imobiliários; compra ou venda dolosa; conflito com as autoridades e órgãos administrativos, em especial com os homens; assédio moral; sobrecarga de trabalho intolerável ou, ao contrário, período de desemprego, sem perspectiva de trabalho; acordo amigável para a rescisão do contrato de trabalho; ano tempestuoso do ponto de vista sentimental; muitos problemas; rompimento conjugal; poucos encontros positivos; libido em baixa. Aspectos positivos: construção imobiliária; compra positiva se efetuada na planta, mas atenção com as estimativas.

Observação: o ano 4 tem um charme todo especial, pois é de longe um dos que mais se subdivide, como você pode constatar pela lista mencionada anteriormente. Esse ano nevrálgico, que chamo de "pequena morte", é um momento de conscientização, que realiza uma verdadeira purificação da personalidade, ao fim da qual as percepções dos seres e das coisas que nos cercam se encontram amplamente modificadas.

Desse modo, de um ponto de vista energético e psíquico, nunca saímos ilesos desse ano 4.

Ano **5** em analogia com o **Papa** (educação, acordo, conselhos ponderados, proteção).

Palavra dominante: liberdade.

Palavras-chave: libertação; sede de evasão; mudança; evolução profissional; compromisso; acordo; expansão; desenvolvimento pessoal; mutação; mobilidade; reestruturação completa do tempo dedicado ao trabalho; ano de entrada na aposentadoria; favorecimento de atividades extraprofissionais; viagens; projetos no exterior; lazer; distração; divertimento; sopro de leveza em nível afetivo; aventuras; relacionamento no exterior ou com estrangeiros.

Ano **6** em analogia com o **Enamorado** (escolha, hesitação, prazer, sedução, liberdade).

Palavra dominante: família.

Palavras-chave: angústias; dúvidas; múltiplas escolhas; um passo à frente e dois para trás; superficialidade em todos os campos; saídas; decoração de interiores; colegas maldizentes; falsas promessas; aparências enganosas; decepção com amigos, familiares ou no amor; morte; sedução; infidelidade; divertimento.

Ano **7** em analogia com o **Carro** (ambição, aperfeiçoamento, trabalho).

Palavra dominante: lar.

Palavras-chave: *habitat*; busca de moradia; seriedade; introspecção; análise psicológica; necessidade de fazer um balanço da situação;

tempo de reflexão; meditação; conscientização; reciclagem profissional; reorientação; avaliação de competência; retomada dos estudos; formações; vontade de se estabelecer; encontro amoroso que toca a alma; vontade de formar uma família; projeto de maternidade; taxa de fecundidade elevada; favorecimento da gravidez.

Ano **8** em analogia com a **Justiça** (o direito, as leis, os contratos, os processos).

Palavra dominante: administração.

Palavras-chave: imbróglio jurídico-administrativo; procedimentos de todo tipo junto a órgãos administrativos; contrato assinado ou rompido; recurso a um advogado; acordo amigável para a rescisão do contrato de trabalho; criação de empresa; possibilidade de trabalhar por conta própria; investimentos; documentos notariais; compra ou venda de imóvel com condições favoráveis; danos causados pela água; conflitos com as companhias de seguro; problemas ligados a indenizações; elaboração de um processo; recusa de uma comissão; solicitação de documentos suplementares; saúde frágil; patologias por vezes graves.

Ano **9** em ressonância com o **Eremita** (lentidão, convalescência, solidão, fim de ciclo).

Palavra dominante: atrasos.

Palavras-chave: fadiga generalizada; moral em baixa; sensação de vazio; contemplação; melancolia; tristeza sem causa precisa; retomada de contato com pessoas do passado; *flashback* da vida; desaceleração; grandes atrasos; gravidez; maternidade; hibernação; ano de "pousio"; espera; paciência; solidão; busca espiritual; fim de ciclo.

Como você pôde constatar, os anos 4 e 8 são particularmente difíceis de superar, e deles nunca saímos ilesos.

Observação: é possível sentir o influxo do ano numerológico futuro cerca de um mês antes da data de aniversário.

Esses ciclos são imutáveis e recorrentes na vida de cada ser humano. Reagimos a ele de acordo com nossa cultura, nossa educação e nosso sexo, mas atravessamos todas as vicissitudes desses anos em graus diferentes, sem exceção.

CONCLUSÃO

Chegamos ao fim desta extraordinária aventura no fantástico universo dos arcanos do Tarô de Marselha.

Ao longo de sua leitura, você aprendeu a interpretar os códigos secretos que regem esse belo instrumento divinatório e assimilou as sutilezas que definem seu modo de funcionamento. Além disso, desenvolveu automatismos e adquiriu conhecimentos graças aos 131 casos práticos apresentados.

Agora que você dispõe das instruções para decodificar suas tiragens de tarô de maneira autônoma, bem como de uma ampla base de dados, resta-lhe apenas enriquecer sua prática cotidiana com suas próprias experiências.

Tive um imenso prazer em elaborar esta metodologia e sempre tentei permanecer o mais próximo possível das exigências de meus inúmeros leitores. Esse aprendizado é gradual e se adapta muito bem às necessidades e ao nível de todos.

AGRADECIMENTOS

Eu gostaria de agradecer calorosamente a todos os meus fiéis clientes, alguns dos quais se tornaram íntimos, bem como às outras milhares de pessoas que me consultaram ao longo dos anos e graças às quais ofereço hoje, aos leitores, esta seleção de casos práticos, bastante próximos da realidade.

Também gostaria de agradecer a todos os meus leitores, tanto os novos como os antigos, que permitem à magia desse belo instrumento divinatório viver através dos tempos.

Desejo, ainda, exprimir minha mais profunda gratidão a toda a equipe da editora Trajectoire, que parabenizo pelo excelente trabalho, a seu diretor-geral David Gruszewski, com uma lembrança comovida à memória de Jacques Gruszewski, e aos diversos talentos que participaram com fervor da concepção de minhas obras sobre o Tarô de Marselha.

A todos vocês, sou eternamente grato.

FLORIAN PARISSE

Impresso por :

gráfica e editora

Tel.:11 2769-9056